BIBLIOTECA ROBERT GREENE

T0282846

LA
Ley
50

LA

Ley 50

50 CENT

·

ROBERT GREENE

OCEANO

LA LEY 50

Título original: THE 50TH LAW

© 2009, G-Unit Books, Inc. and Robert Greene, Inc.

Traducción: Enrique Mercado de la edición original en inglés
de HarperCollins Publishers

Diseño de portada: Ivonne Murillo
Fotografía de Robert Greene: Susan Anderson
Fotografía de Curtis J. Jackson III, www.the50thlawbook.com

D.R. © 2023, Editorial Océano de México, S.A. de C.V.
Guillermo Barroso 17-5, Col. Industrial Las Armas
Tlalnepantla de Baz, 54080, Estado de México
info@oceano.com.mx

Tercera edición (primera reimpresión): septiembre, 2023

ISBN: 978-607-557-428-8

*Todos los derechos reservados. Quedan rigurosamente prohibidas,
sin la autorización escrita del editor, bajo las sanciones establecidas
en las leyes, la reproducción parcial o total de esta obra por cualquier
medio o procedimiento, comprendidos la reprografía y el tratamiento
informático, y la distribución de ejemplares de ella mediante
alquiler o préstamo público. ¿Necesitas reproducir una parte
de esta obra? Solicita el permiso en info@cempro.org.mx*

Impreso en México / Printed in Mexico

Índice

Prólogo

Conocí a 50 Cent en el invierno de 2006. Estaba entusiasmado con mi libro *Las 48 leyes del poder*, y le interesaba colaborar en un proyecto editorial. En esa reunión hablamos de la guerra, el terrorismo, la industria discográfica. Lo que más me impresionó fue que nuestra visión del mundo era muy parecida, más allá de grandes diferencias en nuestras circunstancias. Por ejemplo, al hablar de las intrigas que él enfrentaba entonces en la industria disquera, ambos mencionamos las explicaciones favorables con que algunos personajes de la historia han tratado de justificar su conducta, e intentamos imaginar lo que realmente perseguían. Él desarrolló esta manera de pensar en las peligrosas calles de Southside Queens, donde pensar así era indispensable para sobrevivir; yo llegué a esto leyendo un sinfín de libros de historia y observando hábiles maniobras de cierta gente en Hollywood, donde trabajé muchos años. La perspectiva, sin embargo, era la misma.

Ese día nos separamos con una vaga noción de un proyecto futuro. Al considerar, en los meses siguientes, el posible tema de este libro, me intrigaba cada vez más la idea de reunir nuestros dos mundos. Lo que me fascina de Estados Unidos es su movilidad social, que no deje de haber gente que llega a la cima desde abajo, y que entre tanto altera la cultura. Pero en otro nivel, los estadunidenses seguimos siendo una nación de guetos sociales. Las celebridades suelen congregarse alrededor de otras celebridades; los académicos e intelectuales están encerrados en su mundo; a la gente le gusta asociarse con quien se le parece. Si deja esos estrechos mundos, es usualmente como observadora o visitante de otro modo de vida.

Lo interesante en nuestro caso era ignorar lo más posible nuestras superficiales diferencias y colaborar en el ámbito de las ideas, iluminando algunas verdades sobre la naturaleza humana que van más allá de la clase o el origen étnico.

Con mente abierta y la intención de indagar en qué podía consistir este libro, pasé junto a Fifty buena parte de 2007. Tuve acceso casi total a su mundo. Lo seguí a muchas reuniones de negocios de alto nivel, sentado sin hablar en una esquina y observándolo en acción. Un día presencié, en su oficina, una ruidosa pelea a puñetazos entre dos de sus empleados, a los que él tuvo que separar. Observé una crisis inventada por él para la prensa con fines publicitarios. Lo seguí en sus encuentros con otras estrellas, amigos del barrio, miembros de la realeza europea y figuras políticas. Visité la casa en que vivió de niño en Southside Queens, conocí a sus amigos de sus días como "conecte" y me hice una idea de lo que pudo haber sido crecer en ese mundo. Y entre más lo veía en acción en todos esos frentes, más me parecía que era un vivo ejemplo de los personajes históricos de los que yo había escrito en mis tres libros. Fifty es un experto en juegos de poder, una especie de Napoleón Bonaparte del hip-hop.

Al escribir sobre diversos participantes de juegos de poder en la historia, desarrollé la teoría de que su éxito podía atribuirse, casi siempre, a una habilidad o cualidad excepcional que los distinguió de los demás. En el caso de Napoleón, había sido su extraordinaria aptitud para captar gran cantidad de detalles y organizarlos en su mente. A menudo esto le permitió saber mejor que sus rivales qué ocurría. Luego de observar a Fifty y hablar con él de su pasado, concluí que la fuente de su poder era su valentía.

Esta cualidad no se manifiesta en gritos o tácticas de intimidación obvias. Cuando Fifty actúa así en público, es puro teatro. Tras bambalinas es frío y calculador. Su audacia se muestra en sus hechos y actitud. Ha visto y vivido demasiados encuentros peligrosos en las calles para que le perturbe algo en el mundo corporativo. Si un acuerdo no es de su gusto, lo incumplirá sin importarle. Si debe ser un poco rudo y tramposo con un adversario, lo será sin pensarlo dos veces. Tiene completa seguridad en sí mismo. Viviendo en un mundo en el que la mayoría de la gente tiende a ser tímida y conservadora, él goza siempre de la ventaja de querer hacer más, correr riesgos y no aceptar las normas establecidas. Salido de un medio en el que no esperaba pasar de los veinticinco años de edad, siente que no tiene nada que perder, y esto le da un poder inmenso.

Cuanto más pensaba en esta especial fortaleza suya, más ejemplar e instructiva me parecía. Me di cuenta de que yo mismo me beneficiaba del ejemplo de Fifty, pues podía superar mis propios temores. Decidí entonces que el tema de este libro sería la valentía, en todas sus formas.

La tarea de escribir *La Ley 50* fue simple. Al observar a Fifty y hablar con él, noté ciertos temas y patrones de conducta que se convertirían en los diez capítulos de este libro. Una vez determinados esos temas, se los presenté, y los pulimos juntos. Hablamos de vencer el miedo a la muerte, la capacidad de aceptar el caos y el cambio, la alquimia mental que puede obtenerse viendo toda adversidad como una oportunidad de poder. Relacionamos estas ideas con nuestras experiencias y el mundo en general. Amplié después esas conversaciones con un poco de investigación, para combinar el ejemplo de Fifty con anécdotas de otras personas que, a lo largo de la historia, también han demostrado poseer la cualidad de la valentía.

Éste es, en fin, un libro sobre una particular filosofía de la vida, que puede resumirse así: tus temores son una cárcel que limita el alcance de tus actos. Entre menos temas, más poder tendrás, y vivirás más plenamente. Confiamos en que *La Ley 50* te inspire a descubrir ese poder.

Introducción

Están bajo el peor enemigo que un hombre puede tener: el miedo. Sé que algunos de ustedes temen oír la verdad: que los educaron con miedo y mentiras. Pero yo proclamaré la verdad hasta que se liberen de ese temor.

— Malcolm X

La actitud medrosa

En un principio el miedo fue una emoción simple y básica del animal humano. Frente a algo sobrecogedor –la amenaza de muerte inminente en forma de guerras, plagas y desastres naturales–, sentíamos miedo. Como en los demás animales, en nosotros esta emoción cumplía un papel protector: nos permitía advertir un peligro y alejarnos a tiempo de él. Pero en nuestro caso también servía para algo positivo: recordar la fuente de esa amenaza y protegernos mejor la próxima vez. La civilización se derivó de esta aptitud para prever y prevenir los peligros del entorno. También fue por miedo que desarrollamos la religión y varios sistemas de creencias, para darnos consuelo. El miedo es la emoción más fuerte y antigua conocida por el ser humano, algo profundamente inscrito en nuestro sistema nervioso y nuestro subconsciente.

Pero al paso del tiempo sucedió algo extraño. El terror que enfrentábamos perdió intensidad al aumentar nuestro control sobre el entorno. Sin embargo, en lugar de que nuestros temores disminuyeran, se multiplicaron. Empezó a preocuparnos nuestro prestigio social: si los demás nos estimaban, o cómo encajábamos en el grupo. Nos inquietaba nuestro sustento, el futuro de nuestra familia e hijos, nuestra salud y el proceso de envejecimiento. Pasamos de sentir un miedo simple e intenso por algo imponente y real a desarrollar una especie de ansiedad generalizada. Fue como si nuestros miles de años de temor a la naturaleza no pudieran desaparecer;

necesitábamos algo, así fuera pequeño o inverosímil, hacia donde dirigir nuestra ansiedad.

En la evolución del miedo, un momento decisivo tuvo lugar en el siglo XIX, cuando publicistas y periodistas descubrieron que si envolvían de temor sus artículos y anuncios, llamarían nuestra atención. Esta emoción es difícil de resistir o controlar, así que esos sujetos no dejaban de orientar nuestra mirada a nuevas fuentes de ansiedad: la más reciente amenaza a la salud, una nueva ola de crímenes, el riesgo de un mal paso en sociedad y muchos otros peligros que ignorábamos. Dada la creciente sofisticación de los medios y la crudeza de sus imágenes, tales personas lograron hacernos sentir criaturas frágiles entre riesgos innumerables, pese a que vivíamos en un mundo infinitamente más seguro y predecible del que nuestros antepasados conocieron. Gracias a ellas, nuestras preocupaciones no hicieron sino aumentar.

Pero el miedo no se hizo para eso. Su función es estimular respuestas físicas vigorosas, a fin de que un animal se aleje a tiempo de un peligro. Pasado éste, el miedo debería evaporarse. Un animal incapaz de librarse de su temor una vez desaparecida una amenaza, no podrá comer ni dormir. Tal podría ser nuestro caso; y si acumulamos demasiados temores, tenderán a influir en nuestra manera de ver el mundo. Pasaremos de sentir miedo por una amenaza a tener una actitud medrosa ante la vida. Acabaremos por ver casi todo en términos de riesgos. Exageraremos los peligros y nuestra vulnerabilidad. Nos fijaremos al instante en la adversidad, siempre posible. Comúnmente no advertimos este fenómeno, porque lo aceptamos como normal. En los buenos momentos nos damos el lujo de inquietarnos por todo. Pero en tiempos difíciles esta actitud cobarde es particularmente nociva. En esos momentos debemos resolver problemas, enfrentar la realidad y avanzar, pero el temor nos induce a retroceder y atrincherarnos.

Esto es justo lo que halló Franklin Delano Roosevelt al asumir la presidencia de Estados Unidos en 1933. Habiendo comenzado con el desplome bursátil de 1929, la Gran Depresión estaba entonces en su fase más álgida. Pero lo que preocupó a Roosevelt no fueron los factores económicos, sino el estado de ánimo de la nación. Creía no sólo que la gente estaba más asustada de lo que debía, sino también que sus temores volvían más complicado aún superar la adversidad. En su discurso de toma de posesión dijo que no ignoraba realidades tan obvias como la crisis económica, y que no predicaría un optimismo ingenuo. Pero pidió a sus oyentes recordar que el país había enfrentado cosas peores, periodos como el de la Guerra civil, y que había salido de esas experiencias gracias a su espíritu emprendedor, resolución y determinación. En eso consistía ser estadunidense.

Temer algo hace que tal cosa se cumpla; cuando la gente cede al miedo, pierde energía e impulso. Su inseguridad se traduce en inacción, lo que la vuelve más insegura, y así sucesivamente. "Antes que nada", dijo Roosevelt, "permítaseme expresar la firme convicción de que lo único que hay que temer es al miedo, el pánico indescriptible, irracional e injustificado que paraliza los esfuerzos necesarios para convertir el retroceso en avance."

Roosevelt esbozó en ese discurso la línea que separa al fracaso del éxito en la vida. Esa línea es tu actitud, capaz de dar forma a tu realidad. Si ves todo por el cristal del miedo, tenderás a permanecer en la modalidad de retroceso. Pero es igualmente fácil que veas una crisis o problema como un reto, como una oportunidad de demostrar lo que vales, la posibilidad de fortalecerte y templarte o un llamado a la acción colectiva. Así convertirás lo negativo en positivo por medio de un proceso puramente mental, lo que resultará en una acción también positiva. Gracias a su liderazgo ejemplar, en efecto, Roosevelt contribuyó a que su país cambiara de mentalidad y encarara la depresión económica con un espíritu más decidido.

Hoy los estadunidenses parecen enfrentar nuevos problemas y crisis que ponen a prueba su temple nacional. Pero como Roosevelt al comparar la situación de su tiempo con momentos peores del pasado, puede afirmarse que los peligros que los estadunidenses afrontan en la actualidad no son tan graves como los de los años treinta y la guerra subsecuente. De hecho, todo indica que en el siglo XXI la realidad de Estados Unidos es un medio físico tan seguro e inofensivo como nunca antes en la historia de esa nación. Los estadunidenses habitan el país más próspero del mundo. En otros días, sólo los hombres de raza blanca podían participar en los juegos de poder. Hoy también lo hacen millones de mujeres y miembros de las minorías, lo que ha alterado para siempre la dinámica implicada y convertido a esa nación en la más avanzada socialmente a este respecto. Los adelantos tecnológicos brindan toda clase de oportunidades, y los viejos modelos de negocios se desvanecen, dejando el campo abierto a la innovación. Vivimos una época revolucionaria y de enormes cambios.

Los estadunidenses también enfrentan algunos retos. El mundo es más competitivo; la economía padece vulnerabilidades innegables y debe reinventarse. Como en cualquier situación, el factor determinante será la actitud de la gente: cómo *decida* juzgar esta realidad. Si cede al miedo, prestará desmedida atención a lo negativo, y producirá justo las circunstancias adversas que teme. Pero si sigue la dirección contraria, adopta una manera valiente de ver la vida y acomete todo con audacia y energía, generará una dinámica muy diferente.

Comprende: nos da mucho miedo ofender a los demás, causar problemas, sobresalir, atrevernos. Nuestra relación con esta emoción ha evolucionado durante miles de años, desde el temor primitivo a la naturaleza hasta la ansiedad generalizada por el futuro y la actitud medrosa que ahora nos somete. Pero como los adultos racionales y productivos que somos, tenemos que superar esta tendencia descendente y dejar atrás nuestros temores.

El valiente

El primer recuerdo de mi infancia es una flama, la flama azul de una estufa de gas que alguien encendió [...] Tenía tres años [...] Sentí miedo, mucho miedo, por primera vez en mi vida. Pero también lo recuerdo como una aventura, un júbilo extraño. Pienso que esa experiencia me llevó mentalmente a un lugar en el que no había estado nunca. A una frontera, el límite –quizá– de lo posible [...] El temor que sentí fue casi una invitación, un reto a entrar en algo de lo que no sabía nada. Creo que ahí comenzó mi filosofía personal de la vida [...] en ese momento [...] Desde entonces, siempre he pensado en avanzar, en alejarme del calor de esa llama.

— Miles Davis

Existen dos formas de enfrentar el miedo: pasiva y activa. Adoptamos la forma pasiva cuando queremos evitar una situación que nos provoca ansiedad. Esto podría traducirse en aplazar toda decisión que pueda herir los sentimientos de otra persona. O en preferir que todo sea cómodo e inofensivo en nuestra vida diaria, para que nada desagradable nos ocurra. Asumimos esta modalidad cuando nos sentimos frágiles y creemos que afrontar lo que tememos nos perjudicaría.

La variedad activa es algo que casi todos hemos experimentado en algún momento de nuestra vida: la situación riesgosa o difícil que tememos se nos impone por sí sola. Podría tratarse de un desastre natural, la muerte de un ser querido o un revés por el que perdemos algo. Es común que en momentos así hallemos en nosotros una fuerza que nos sorprende. Lo que temíamos no es tan grave. Pero no podemos esquivarlo, y debemos buscar la manera de vencer nuestro miedo o sufriremos las consecuencias. Estos momentos son curiosamente terapéuticos, porque enfrentamos por fin algo real, no un escenario imaginario inducido por los medios. Además, podemos librarnos de ese temor. El problema es que esos instantes no suelen durar mucho ni repetirse con frecuencia. Por tanto, ellos pueden perder rápido su valor, y nosotros volver a la modalidad pasiva, elusiva.

Cuando vivimos en circunstancias relativamente confortables, nuestro entorno no nos abruma con peligros obvios, violencia ni limitación de movimientos. Nuestra meta más importante es mantener esa seguridad y confort, lo que nos hace más sensibles al más mínimo riesgo o amenaza contra el orden establecido. Esto nos dificulta tolerar la sensación de temor, aún más vaga e inquietante, así que permanecemos en la modalidad pasiva.

Pero a lo largo de la historia ha habido personas que han vivido circunstancias mucho más apuradas, agobiadas por peligros cotidianos. Algunas de ellas han tenido que enfrentar una y otra vez sus temores en forma activa. Su situación pudo haber sido crecer en la pobreza extrema, exponerse a morir en batalla, encabezar un ejército en armas, vivir un tumultuoso periodo revolucionario, ser líderes en momentos de crisis, sufrir una pérdida o tragedia personal o ver de cerca la muerte. Infinidad de individuos crecen o se ven en iguales circunstancias, y la adversidad ahoga su espíritu. Pero otros se sobreponen. Creen no tener otra opción: no enfrentar y vencer esos temores cotidianos sería rendirse. Se tiemplan y endurecen como el acero.

Entiende: nadie nace así. No es natural no sentir miedo. Pero este proceso requiere retos y pruebas. Lo que distingue a quienes superan la adversidad de quienes sucumben a ella es la fuerza de voluntad y el ansia de poder.

En algún momento, la posición defensiva ante el miedo se vuelve ofensiva, una actitud valiente. Las personas de este tipo aprecian el valor no sólo de ser intrépidas, sino también de acometer la vida con osadía, apremio y originalidad, creando modelos nuevos en vez de seguir los antiguos. Ven que esto les otorga cuantioso poder, y pronto lo convierten en su mentalidad dominante. Encontramos a este tipo de personas en todas las culturas y épocas, desde Sócrates y los estoicos a Cornelius Vanderbilt y Abraham Lincoln.

Napoleón Bonaparte representa al valiente clásico. Inició su carrera militar justo al estallar la Revolución francesa. En ese crítico momento de su vida, le tocó experimentar uno de los periodos más caóticos y aterradores de la historia. Afrontó peligros sin fin en el campo de batalla, por el surgimiento de nuevas operaciones militares, y libró incontables intrigas políticas en las que un paso en falso podría haberlo llevado a la guillotina. Libró todo esto con espíritu denodado, aceptando el caos de su tiempo y los grandes cambios en el arte de la guerra. Y en una de sus numerosas campañas, pronunció palabras que podrían servir de lema a todos los valientes.

En la primavera de 1800 se preparaba para conducir a su ejército a Italia. Sus mariscales de campo le advirtieron que los Alpes eran intransitables en tal época del año y le recomendaron esperar, pese a que eso estropeara sus posibilidades de éxito. El general les contestó: "No existen Alpes para el ejército de Napoleón". Montado en una mula, guió personalmente a sus tropas por terreno peligroso e innumerables obstáculos. La fuerza de voluntad de un solo hombre impulsó a ese ejército a cruzar los Alpes, tomar por sorpresa al enemigo y derrotarlo. No existen Alpes ni obstáculos que puedan interponerse en el camino de una persona sin miedo.

Otro ejemplo es el del gran abolicionista y escritor Frederick Douglass, nacido esclavo en Maryland, en 1817. Como escribiría después él mismo, el sistema esclavista dependía de la inducción de profundos temores. Douglass se obligó sin tregua a seguir la dirección opuesta. Pese a la amenaza de castigos severos, aprendió a leer y escribir en secreto. Flagelado por su rebeldía, se defendió, y vio reducirse sus azotes. Sin dinero ni relaciones, escapó al norte a los veinte años. Ahí destacó como abolicionista, recorriendo la zona para hablar de los males de la esclavitud. Y aunque los abolicionistas querían que siguiera dando conferencias y repitiendo las mismas historias, él deseaba algo más, y se rebeló otra vez. Fundó entonces un periódico antiesclavista, algo inaudito en un antiguo esclavo. Su periódico tuvo mucho éxito.

En cada etapa de su vida, Douglass fue puesto a prueba por grandes adversidades. Pero en vez de ceder al temor a los azotes, la soledad en ciudades desconocidas, la cólera de los abolicionistas, acrecentó su audacia e intensificó su ofensiva. Esta seguridad en sí mismo le dio la fuerza necesaria para superar la feroz resistencia y animosidad a su alrededor. Todos los valientes descubren en algún momento esta propiedad física: el indiscutible aumento de su energía y fe en ellos mismos de cara a circunstancias negativas, y aun insoportables.

Los valientes no salen únicamente de la pobreza o un medio hostil. Roosevelt creció en un hogar rico y privilegiado. Pero a los treinta y nueve años contrajo polio, que lo paralizó de la cintura para abajo. Fue un momento decisivo, pues tuvo que hacer frente a una limitación seria en sus movimientos y el posible fin de su carrera política. Mas no cedió al temor y el desaliento. Siguió la dirección contraria, pugnó por aprovechar al máximo su condición física y desarrolló un espíritu indomable que lo convertiría en el presidente más valeroso de Estados Unidos. Para una persona así, un encuentro con la adversidad o la limitación, a cualquier edad, puede ser el crisol donde se forje su actitud.

El nuevo valiente

Este pasado, el pasado del negro, de horca, fuego, tortura [...] muerte y humillación miedo noche y día, hasta la médula de los huesos [...] este pasado, esta lucha incesante por alcanzar y revelar y confirmar una identidad humana [...] contiene, pese a todo su horror, algo muy hermoso [...] Quien no sufre, nunca crece, jamás descubre quién es.

— James Baldwin

Durante gran parte del siglo XIX, los estadunidenses arrostraron toda suerte de peligros y adversidades: el hostil medio físico de la frontera, divisiones políticas agudas, la anarquía y caos resultantes de grandes cambios tecnológicos y la movilidad social. Pero reaccionaron a ese restrictivo entorno venciendo sus temores y desarrollando lo que se conocería más tarde como el *espíritu pionero*, de amor a la aventura y celebrada aptitud para resolver problemas.

Dada su creciente prosperidad todo eso cambió. Pero en el siglo XX un círculo siguió siendo tan severo como antes: el de los guetos negros urbanos. Y de ese crisol surgió un nuevo valiente, ejemplificado por figuras como James Baldwin, Malcolm X y Muhammed Ali. No obstante, el racismo de entonces les impidió dar rienda suelta a su espíritu.

A últimas fechas, en esos barrios han surgido nuevas personas así, con más libertad para llegar a la cumbre del poder, en los espectáculos, la política y los negocios. Emergidas de un medio semejante al salvaje Oeste, en él aprendieron a valerse por sí solas y dar rienda suelta a su ambición. La calle y sus ásperas experiencias las educaron. En cierto sentido, son como los aventureros del siglo XIX, con poca educación formal pero inventores de un nuevo modo de hacer negocios. Su espíritu concuerda con el desorden del siglo XXI. Es fascinante observarlas, y en cierta manera tienen mucho que enseñarnos.

El rapero conocido como 50 Cent (o Curtis Jackson) debe considerarse uno de los ejemplos contemporáneos más elocuentes de este fenómeno. Creció en un barrio particularmente tenso y violento: Southside Queens, en plena epidemia del crack en los años ochenta. Y en cada fase de su vida ha tenido que enfrentar peligros que lo han puesto a prueba y templado, ritos de iniciación en la actitud valiente que ha desarrollado poco a poco.

Uno de los mayores temores de un niño es el abandono, quedarse solo en un mundo aterrador. Ésta es la fuente de nuestras peores pesadillas. Y fue la realidad de Fifty. No conoció a su padre, y su madre fue asesinada cuando él tenía ocho años. Pronto desarrolló el hábito de no depender de nadie para su protección o abrigo. Esto significó que en todo encuentro subsecuente con el miedo sólo contaría consigo mismo. Y que si no quería sentir esa emoción, tendría que aprender a vencerla.

Fifty empezó a merodear por las calles a temprana edad, y fue imposible que no sintiera miedo. Se topaba con violencia y agresión todos los días. Y al ver tan rutinariamente el miedo en acción, comprendió que podía ser una emoción extenuante y destructiva. En las calles, la gente pierde el respeto por quien exhibe miedo. Y puede acabar relegado y con más posibilidades de sufrir violencia por su deseo de evitarla. No había de otra: para tener poder como "conecte" (traficante de drogas) había que vencer ese sentimiento. Nadie debía verlo con otros ojos. Para Fifty, esto implicó ponerse a menudo en situaciones incitadoras de ansiedad. La primera vez que estuvo frente a un hombre armado, se asustó. La segunda, un poco menos. La tercera, nada.

Probar y demostrar así su valor le dio una sensación de gran poder. Pronto supo de la importancia del arrojo: podía mantener a raya a los demás sintiendo suprema seguridad en él. Pero por duros y bravucones que sean, los conectes suelen afrontar un obstáculo inmenso: el miedo a dejar las calles que tan bien conocen y que les han enseñado todas sus habilidades. Se vuelven adictos a ese estilo de vida; y aunque es probable que terminen en la cárcel o mueran prematuramente, no pueden dejar de andar de acá para allá.

No obstante, Fifty ambicionaba algo más que tener éxito como conecte, así que se obligó a enfrentar y vencer ese miedo enorme. A los veinte años de edad y en su mejor momento como traficante, decidió cortar lazos con ese medio e irrumpir en el ámbito musical, sin relaciones ni red de protección. Y como no tenía un plan B, porque triunfaba en la música o se hundía, desplegó una energía tan frenética y atrevida que pronto se hizo notar en el mundo del rap.

Pese a que era muy joven, ya había afrontado algunos de los peores miedos que pueden aquejar a un ser humano —abandono, violencia, cambio radical—, de los que había salido más fuerte. Pero a los veinticuatro años, en vísperas del lanzamiento de su primer disco, chocó cara a cara con el que muchos consideramos el mayor temor: el miedo a la muerte. En mayo de 2000, en un auto frente a su casa a plena luz del día, un asesino a sueldo le vació nueve balas, una de las cuales le atravesó la mandíbula y estuvo a punto de quitarle la vida.

A raíz de esta ejecución frustrada, Columbia Records lo sacó de su catálogo y canceló el lanzamiento de su primer álbum. Se le hizo el vacío en la industria; los ejecutivos temblaban por tener que involucrarse con él y la violencia con que se le asociaba. Muchos amigos le volvieron la espalda, quizá al verlo débil. Se había quedado sin dinero; no podía regresar a las calles tras haber desairado al gremio, y su carrera musical parecía terminada. Fue uno de esos momentos que revelan el poder de la actitud personal ante la adversidad. Fue como si estuviera ante los intransitables Alpes.

Hizo entonces lo mismo que Frederick Douglass: decidió acrecentar su furia, energía e intrepidez. Habiendo estado tan cerca de la muerte, comprendió que la vida puede ser muy corta. No perdería un segundo. Rechazaría el acostumbrado camino al éxito: operar en la industria discográfica, aprovechar la primera oferta jugosa que se presentara y difundir sólo las canciones con potencial de ventas para los ejecutivos. Haría las cosas a su modo: lanzaría un caset y lo vendería o regalaría en las calles. Afinaría así los sonidos crudos y pesados que creía naturales en él. Y hablaría el idioma del barrio sin tener que suavizarlo en lo más mínimo.

De repente sintió una libertad inmensa: podía crear un modelo de negocios propio, ser tan poco convencional como quisiera. Sintió que no tenía nada que perder, como si los últimos rescoldos de temor que le quedaban se le hubieran escurrido en el auto ese día del 2000. La promoción de su caset le dio fama en las calles y llamó la atención de Eminem, quien lo contrató de inmediato para su sello discográfico que compartía con Dr. Dre, lo que sentó las bases de su meteórico ascenso al pináculo del mundo musical en el 2003 y la creación del emporio que ha forjado desde entonces.

Vivimos momentos extraños, revolucionarios. El antiguo orden se desmorona ante nuestros ojos en muchos ámbitos. Pero pese a que esta etapa es tan turbulenta, los líderes de los negocios y la política se aferran al pasado y las viejas maneras de hacer las cosas. Temen al cambio y toda suerte de desorden.

Los nuevos valientes representados por Fifty siguen la dirección opuesta. Ven que el caos del día se ajusta a su temperamento. Crecieron sin miedo a experimentar, merodear por las calles y probar nuevas formas de operar. Aceptan los adelantos tecnológicos que, en secreto, ponen nerviosos a otros. Se libran del pasado y crean su propio modelo de negocios. No ceden al espíritu conservador que ronda a las compañías estadunidenses en estos tiempos de radicalismo. Y en el centro de su éxito está una premisa, una ley del poder que todos los espíritus valientes del pasado han conocido y usado, fundamento de cualquier género de éxito en el mundo.

La Ley 50

Lo que la gente teme más es ser ella misma. Quiere ser 50 Cent u otra persona. Hace lo mismo que los otros aun si no va con ella y su situación. Pero así no llega a ningún lado; desgasta su energía, y no llama la atención de nadie. Huye de lo único que tiene: lo que la vuelve diferente. Yo perdí ese miedo. Y en cuanto sentí el poder que obtenía de mostrar al mundo mi poco interés en ser como los demás, ya no pude retroceder.

—50 Cent

La Ley 50 se basa en esta premisa: los seres humanos tenemos escaso control sobre nuestras circunstancias. Los demás cruzan nuestro camino, nos hacen cosas en forma directa o indirecta y nosotros nos pasamos la vida reaccionando a lo que nos ocasionan. A las cosas buenas les siguen malas. Hacemos todo lo posible por adquirir cierto control, porque no poder hacer nada frente a lo que sucede nos vuelve infelices. Y a veces lo adquirimos, pero nuestro margen de control sobre los demás y nuestras circunstancias es lastimosamente limitado.

Sin embargo, la Ley 50 establece que hay algo que sí podemos controlar: la mentalidad con que reaccionamos a lo que ocurre a nuestro alrededor. Y si somos capaces de vencer nuestra ansiedad y forjar una actitud valiente ante la vida, puede pasar algo extraño y notable: que ese margen de control de las circunstancias se amplíe. En un caso extremo, podríamos crear, incluso, las circunstancias mismas, fuente del inmenso poder de los valientes a lo largo de la historia. Todos los que ponen en práctica la Ley 50 comparten ciertas cualidades —*osadía suprema*, *originalidad*, *soltura* y *sensación de apremio*—, origen de esa aptitud excepcional para determinar sus circunstancias.

Un acto audaz requiere un alto grado de seguridad en uno mismo. Quienes constituyen el blanco de un acto así o lo presencian, no pueden sino creer que esa seguridad es real y justificada. Su reacción instintiva es respaldar, quitarse de en medio o seguir a la persona segura de sí. Un acto audaz puede mantener a raya a la gente y eliminar obstáculos. Es de esta forma como produce circunstancias favorables.

Somos seres sociales, así que es natural que queramos ajustarnos a quienes nos rodean y a las normas grupales. Pero esto esconde un profundo temor a destacar, a seguir nuestro camino sin que nos importe lo que la gente piense de nosotros. Los valientes son capaces de vencer este miedo. Lo lejos que pueden llegar con su originalidad nos fascina. Y nos hace admirarlos y respetarlos en secreto; nos gustaría poder actuar así. Normalmente nos cuesta trabajo concentrarnos; nuestro interés pasa de un espectáculo a otro. Pero quienes expresan valientemente su diferencia llaman nuestra atención en un nivel más hondo y por más tiempo, lo que se traduce en poder y control.

Muchos respondemos a las inestables circunstancias de la vida tratando de microcontrolarlo todo en nuestro entorno inmediato. Cuando sucede algo imprevisto, nos ponemos tensos y reaccionamos con una táctica que ya nos ha dado resultado. Si los hechos marchan muy aprisa, es fácil que nos sintamos abrumados y perdamos el control. Quienes siguen la Ley 50 no temen al cambio y el caos; los aceptan y se relajan tanto como pueden. Se dejan llevar por el flujo de los acontecimientos, y luego los encauzan sutilmente en la dirección que ellos eligieron, explotando el momento. Gracias a su mentalidad, convierten algo negativo (un suceso inesperado) en positivo (una oportunidad).

Ver de cerca la muerte o recibir un drástico recordatorio de la brevedad de la vida puede tener un efecto terapéutico positivo. Nuestros días están contados, así que más nos vale vivir intensamente cada instante, tener una sensación de apremio ante la vida. Ésta podría terminar en cualquier momento. Los valientes suelen tomar conciencia de esto por medio de una experiencia traumática. Ésta les da energía para aprovechar al máximo cada acto, y el impulso vital así obtenido les ayuda a determinar qué ocurrirá después.

Todo esto es bastante simple: cuando incumples esa ley fundamental e involucras en un encuentro tus miedos habituales, limitas tus opciones y tu capacidad para determinar los hechos. Tu temor puede llevarte, incluso, a un campo negativo, en el que tus poderes disminuyan. Ser conservador, por ejemplo, puede arrinconarte y a la larga exponerte a perder lo que tienes, por perder también tu capacidad de adaptarte al cambio. El afán de complacer a los demás puede acabar ahuyentándolos; es difícil respetar a alguien tan obsequioso. Si tienes miedo de aprender de tus errores, te arriesgas a repetirlos. Cuando incumples esta ley, ningún grado educativo, contacto ni conocimiento técnico puede salvarte. Tu actitud medrosa te encierra en una prisión invisible, en la que permanecerás.

Observar la Ley 50 produce la dinámica contraria: abre posibilidades, brinda libertad de acción y contribuye a generar un impulso vital.

La clave para poseer este supremo poder es adoptar la forma activa de enfrentar tus temores. Esto significa entrar al terreno del que normalmente huyes: tomar las decisiones difíciles que has evitado, vértelas con quienes intrigan en tu contra, pensar en ti y tus necesidades antes que complacer a los demás, obligarte a cambiar la dirección de tu vida aunque ese cambio sea justo lo que más temes.

Ponte deliberadamente en situaciones difíciles y examina tus reacciones. Notarás en cada caso que tus temores eran exagerados y que enfrentarlos tiene el efecto tonificante de acercarte más a la realidad.

En algún momento descubrirás el poder de la *inversión*: vencer lo negativo de un temor particular produce una cualidad positiva, como independencia, paciencia, suprema seguridad en uno mismo, etcétera. (En cada uno de los capítulos siguientes se resaltará este cambio de perspectiva.) Y una vez que emprendas ese camino, te será difícil retroceder. Seguirás adelante, hasta verlo todo con audacia y valentía.

Entiende: no es indispensable el haber crecido en Souhtside Queens o sufrido un intento de asesinato para poder desarrollar esa actitud. Todos encaramos retos, rivales y reveses. Decidimos ignorarlos o evitarlos por temor. Lo que importa no es la realidad física de tu entorno, sino tu estado mental, cómo afrontas la adversidad que forma parte de la vida en todos los ámbitos. Fifty *tuvo* que enfrentar sus temores; tú debes *decidir* hacerlo.

Por último, tu actitud puede determinar la realidad en direcciones opuestas: una que te restringe y arrincona en el temor y otra que te brinda posibilidades y libertad de acción. Lo mismo puede decirse de la mentalidad y espíritu que adoptes al leer los capítulos siguientes. Si los lees con tu ego por delante, sintiéndote agredido o juzgado (si, en otras palabras, los lees a la defensiva), te cerrarás innecesariamente a la fuerza que podrían ofrecerte. Todos somos humanos; todos resentimos los efectos de nuestros temores; aquí no se juzga a nadie. De igual forma, si lees estas páginas como recetas por emplear al pie de la letra en tu vida, reducirás su valor y su aplicación a tu realidad.

Por el contrario, asimila estas líneas con espíritu abierto y valiente, y permite que sus ideas lleguen al fondo de tu ser e influyan en tu manera de ver el mundo. No temas experimentar con ellas. Adaptarás así este libro a tus circunstancias y obtendrás un poder similar sobre el mundo.

> Creo juzgar sanamente diciendo que vale más ser impetuoso que circunspecto, porque la fortuna es una mujer, y es necesario, por esto mismo, cuando queremos tenerla sumisa, zurrarla y zaherirla. Se ve, en efecto, que se deja vencer más de los que la tratan así que de los que proceden tibiamente con ella.
>
> —Nicolás Maquiavelo

CAPÍTULO 1

Ve las cosas como son: Realismo absoluto

La realidad puede ser muy cruel. Tus días están contados. Hacerte y conservar un lugar en este mundo, despiadadamente competitivo, exige un esfuerzo constante. La gente puede ser traidora. Te involucra en infinidad de batallas. Tu labor debe ser resistir la tentación de querer que todo sea distinto y, en cambio, aceptar —y aun abrazar— valientemente las circunstancias. Al concentrarte en lo que ocurre a tu alrededor, obtendrás una percepción clara de lo que hace que algunas personas avancen y otras se rezaguen. Si entrevés las manipulaciones de los demás, podrás sortearlas. Mientras mejor comprendas la realidad, más podrás alterarla conforme a tus propósitos.

Mirada de traficante

La vida es nueva y extraña; extraña porque le tememos; nueva porque hemos apartado de ella nuestros ojos [...] La gente y la vida son como son, y así debemos lidiar con ellas; y si queremos que cambien, hemos de tratarlas como existen.

—Richard Wright

De niño, Curtis Jackson (alias 50 Cent) tenía una motivación dominante: la ambición. Quería, antes que nada, justo aquello que parecía no poder tener jamás: dinero, libertad y poder.

Al asomarse a las calles de Southside Queens, donde creció, descubrió que una realidad sombría y deprimente lo miraba a los ojos. Podía ir a la escuela y tomarla en serio, pero quienes lo hacían no parecían llegar muy lejos: una vida de empleos mal remunerados. Podía optar por el crimen y ganar mucho dinero en poco tiempo, pero los que elegían esto morían prematuramente o pasaban en la cárcel buena parte de su juventud. Podía huir de todo consumiendo drogas, pero éste era un camino sin retorno. Los únicos que vivían como él soñaba eran los "conectes", los traficantes de drogas. Ellos poseían los automóviles, la ropa, el estilo de vida y el grado de poder que estaban a la altura de sus ambiciones. Así, cuando Curtis cumplió once años, ya había decidido seguir ese camino y convertirse en el mejor de los traficantes.

Pero entre más se adentraba en ese oficio, más comprendía que la realidad era mucho más cruda y cruel de lo que había imaginado. Los drogadictos, los clientes, eran imprevisibles y difíciles de entender. Los traficantes peleaban por un número limitado de esquinas y se apuñalaban por la espalda en cualquier momento. Los conectes de alto nivel que controlaban el barrio podían ser violentos y autoritarios. Si a alguien le iba bien, otro intentaba arrebatarle lo que tenía. La policía rondaba por todas partes. Un paso en falso podía llevar a cualquiera a la cárcel. ¿Qué podía hacer Fifty para tener éxito en medio de este caos y librar sus peligros inevitables? Parecía imposible.

Un día, al hablar con Truth, un traficante mayor que él, sobre los aspectos desagradables del oficio, oyó algo que nunca olvidaría. "No te quejes", le dijo Truth. "La difícil vida de las calles es en realidad una bendición si sabes lo que haces. Este mundo es tan peligroso que el conecte tiene que estar muy atento a lo que pasa. Debe agarrarle la onda a la calle: quién es un fastidio, dónde puede haber una oportunidad. Tiene que ver más allá de las tonterías que los demás le sueltan, sus trampas, sus idioteces. Debe analizarse, ver sus propias limitaciones y su estupidez. Todo esto aguza su vista, lo vuelve un fino observador de todas las cosas. Ése es su poder."

"Nuestro mayor peligro", continuó Truth, "no es la policía ni un rival feroz, sino la complacencia. Sé de muchos conectes que han caído en ella", añadió. "Si las cosas van bien, creen que siempre serán así, y se desentienden de la calle. Si van mal, quieren que cambien y hacen planes absurdos para ganar dinero rápido y fácil. Como sea, caen pronto. Perder contacto con la realidad de la calle puede ser suicida."

En los meses siguientes, Curtis no dejó de pensar en lo que Truth le dijo, y empezó a comprender. Decidió hacer de esas palabras una especie de código de conducta; no confiaría en nadie, ocultaría sus intenciones incluso a sus socios y amigos y, por alto o bajo que la vida lo llevara, mantendría un realismo absoluto y su clara y atenta mirada de traficante.

Curtis se convirtió en los años posteriores en uno de los conectes más astutos de su barrio, donde operaba un pequeño grupo que le producía mucho dinero. El futuro parecía promisorio, pero una distracción momentánea lo hizo caer en una trampa policial y a los dieciséis años se le sentenció a pasar nueve meses en un caótico centro de rehabilitación en el norte del estado de Nueva York. En ese lugar desconocido y con tiempo para pensar, recordó de repente las palabras de Truth. No era momento de deprimirse o soñar, sino de fijar su mirada de traficante en sí mismo y el mundo en que vivía. De verlo tal como era, por horrible que pareciera ser.

Curtis tenía una ambición desenfrenada; quería verdadero poder, algo que le sirviera de base. Pero ningún traficante callejero duraba mucho. Era un oficio de juventud. Cumplidos los veinte, los conectes aflojaban el paso y algo malo les sucedía, o se deslizaban a un empleo mal remunerado. Pero su dinero y estilo de vida del momento les impedían ver esta realidad; creían que eso continuaría por siempre. Temían probar otra cosa. Por listos que fueran, había un límite hasta donde podían subir.

Él debía despertar y dejar el gremio mientras aún fuera joven y pudiera cumplir sus ambiciones. No tendría miedo. Con base en estas ideas, decidió incursionar en la música. Buscaría un mentor, alguien que le enseñara los trucos del medio. Aprendería lo más posible de la música y la industria. No haría un plan B: la apuesta era ganar o morir.

Actuando con una energía un tanto desesperada, transitó a la música, donde se hizo un lugar creando una sonoridad muy vigorosa que reflejaba las realidades de la calle. Luego de promover incansablemente su caset en Nueva York, llamó la atención de Eminem, de lo cual surgió un contrato de grabación. Parecía que Curtis había cumplido las ambiciones de su infancia. Tenía poder y dinero. Lo trataban bien. En todas partes lo adulaban, queriendo compartir su éxito. Pero supo que los halagos de la prensa y las alabanzas de sus seguidores se le subirían a la cabeza y nublarían su visión. Todo lucía de maravilla, pero ¿era verdad? Necesitaba como nunca antes su mirada clara e incisiva de otro tiempo, para contemplar todo ese glamur y ostentación.

Entre más lo analizaba, más comprendía que la realidad de la industria discográfica era tan cruel como la de la calle. Los ejecutivos eran implacables. Distraían al artista con palabras seductoras, porque lo que les interesaba no era su futuro musical, sino exprimirle hasta el último dólar. Una vez que pasaba de moda, lo relegaban poco a poco; la caída era más dolorosa tras haber saboreado el éxito. La verdad es que el artista era un peón en el juego de los ejecutivos. Un conecte de barrio tenía más poder y control sobre su futuro que un rapero.

¿Y la industria? Las ventas bajaban a causa de la piratería o la compra de música en formatos distintos. Cualquiera con dos ojos lo sabía. Había que eliminar el viejo modelo de negocios. Pero aunque parecían muy astutos, los ejecutivos tenían miedo de afrontar esta realidad. Se aferraban obstinadamente al pasado, y arrastrarían a todos consigo.

Pero no a Fifty. Él evitaría ese destino siguiendo una dirección diferente. Forjaría un imperio empresarial diversificado, y la música sería sólo un medio hacia ese fin. Basaría sus decisiones en su interpretación intensiva del nuevo entorno que había detectado en la música, pero que ya se extendía a todos los sectores. Que otros confiaran en su maestría en administración de empresas, su dinero y sus contactos. Él se apoyaría en la mirada de traficante que lo había llevado de la base a la cima de Estados Unidos en unos cuantos años.

La actitud del valiente

La realidad es mi droga. Mientras más consumo, más poder tengo y me siento mejor.

–50 Cent

Tal vez pienses que las calles que moldearon a Fifty y al código que creó para sí tienen poco que ver con tus circunstancias, pero esto sólo sería un síntoma de tu languidez, de lo contagiado que estás de fantasías y de tu miedo a enfrentar la realidad. El mundo ya es tan sucio y peligroso como las calles de Southside Queens: un entorno competitivo global en el que cada individuo es un "traficante" despiadado en pos de su beneficio personal.

Las palabras de Truth se aplican a ti tanto como a Fifty: tu mayor peligro es tu complacencia, que tu mirada se nuble. Cuando las cosas se ponen difíciles y te cansas de batallar, tu mente tiende a la divagación y la fantasía; quisieras que las cosas fueran distintas, y lenta y sutilmente te abstraes en tus pensamientos y deseos. Cuando las cosas van bien, te vuelves complaciente, creyendo que lo que tienes será siempre así. Te distraes. Y antes de darte cuenta, terminas arrollado por los cambios en marcha y la aparición a tu lado de personas más jóvenes que tú, que ponen en riesgo tu posición.

Comprende: necesitas ese código más que Fifty. Su mundo era tan peligroso y rudo que lo *obligó* a abrir los ojos a la realidad y a no perder nunca ese contacto. Tu mundo parece más acogedor y menos violento, menos inmediatamente riesgoso. Esto te hace desvariar, y nubla tu vista con sueños. La dinámica competitiva (las calles, el mundo de los negocios) es la misma, pero tu entorno, aparentemente agradable, te impide verlo. Sin embargo, la realidad tiene fuerza propia; puedes darle la espalda, pero al final te alcanzará, y tu incapacidad para enfrentarla será tu ruina. Es hora de que dejes de divagar y despiertes, para evaluarte a ti mismo, a quienes te rodean y la dirección que sigues con la luz más fría y brutal posible. Sin miedo.

Concibe la realidad en estos términos: quienes te rodean suelen ser enigmáticos. Nunca puedes estar completamente seguro de sus intenciones. Seguido ofrecen una apariencia engañosa; sus manipulaciones no coinciden con sus nobles palabras o promesas. Todo esto puede confundirte. Ver a la gente como es, no como crees que debería ser, significaría tener una idea más clara de sus motivos. Ser capaz de atravesar la fachada que presenta ante el mundo y ver su verdadero carácter. Tus actos serán mucho más eficaces con este conocimiento.

Tu trabajo es otra capa de la realidad. Las cosas ahí podrían parecer tranquilas en este momento, pero también en ese mundo se propagan cambios y asoman peligros en el horizonte. Tus suposiciones de cómo deben hacerse las cosas pronto serán anticuadas. Estos cambios y problemas no son evidentes de inmediato. Ser capaz de entreverlos antes de que se vuelvan demasiado grandes te dará enorme poder.

La capacidad para distinguir la realidad detrás de las apariencias no es cuestión de estudios o intelecto: la gente puede poseer conocimientos librescos y estar repleta de información, pero no tener idea de lo que pasa a su alrededor. Es cuestión de carácter y valentía. Para decirlo llanamente, los realistas no temen ver las dificultades de la vida. Aguzan la vista para prestar extrema atención a los detalles, las intenciones de la gente, las realidades oscuras detrás de toda superficie glamurosa. A la manera en que se ejercita un músculo, desarrollan más intensamente su capacidad visual.

Todo está en que te decidas. En cualquier momento puedes convertirte al realismo, que no es en absoluto un sistema de creencias, sino un modo de ver el mundo. Esto quiere decir que cada circunstancia, cada individuo es diferente, y que tu labor es medir esa diferencia y actuar en consonancia. Fijar la vista en el mundo, no en ti ni en tu ego. Lo que ves debe determinar lo que piensas y cómo actúas. En cuanto das credibilidad a una vieja idea, que sostendrás por más que tus ojos y oídos te revelen otra cosa, dejas de ser realista.

Para ver este poder en acción, considera a Abraham Lincoln, quizá el mayor presidente de Estados Unidos. Lincoln recibió poca educación formal y creció en difíciles condiciones extremas. De joven le gustaba desarmar y rearmar máquinas. Era muy práctico. Como presidente tuvo que enfrentar la crisis más grave de la historia estadunidense. Sus ministros y asesores no tenían otro interés que promoverse, o impulsar la rígida ideología en que creían. Eran apasionados y exaltados; lo juzgaban débil. Lincoln parecía tardar mucho tiempo en tomar una decisión, a menudo contraria a la que ellos habían recomendado. Confiaba en generales como Ulysses S. Grant, alcohólico e inadaptado social. Colaboraba con personas a las que sus asesores tenían por enemigos políticos.

Lo que no percibieron entonces fue que Lincoln trataba cada circunstancia sin ideas preconcebidas. Se empeñaba en evaluarlo todo justo como era. Tomaba decisiones puramente pragmáticas.

Era un observador agudo de la naturaleza humana, y no se deshizo de Grant porque lo creía el único general capaz de actuar con eficacia. Juzgaba a los demás por sus resultados, no por su amistad o valores políticos. Su prudente ponderación de personas y hechos no era una debilidad, sino el colmo de la fortaleza, una cualidad valerosa. Y operando de esta forma guió cautelosamente a su país por peligros incontables. Ésta no es la historia que suele leerse, dada la preferencia por el arrebato de las grandes ideas y los gestos dramáticos. Pero el genio de Lincoln estaba en su aptitud para concentrarse intensamente en la realidad y ver las cosas tal como eran. Él fue un testimonio vivo del poder del realismo.

Podría parecer que ver con tanta insistencia la realidad es deprimente, pero lo cierto es lo contrario. Tener claro adónde vas, qué persigue la gente y qué pasa a tu alrededor se traducirá en seguridad y poder, una sensación de ligereza. Te sentirás más en contacto con tu entorno, como una araña en su red. Cuando las cosas marchen mal, podrás hacer ajustes más rápido que otros, porque verás pronto lo que en verdad sucede y cómo explotar aun los peores momentos. Y una vez que pruebes este poder, concentrarte intensamente en la realidad te dará más satisfacción que cualquier fantasía.

Claves para la valentía

Conoce al enemigo, conócete a ti mismo y tu victoria nunca se verá amenazada. Conoce el terreno, conoce las condiciones del ambiente y tu victoria será total.
—Sun Tzu

Estados Unidos era antes un país realista y pragmático. Esto resultó de la rudeza del entorno, los muchos peligros de la vida en condiciones extremas. Los estadunidenses debían estar muy atentos a lo que sucedía a su alrededor para sobrevivir. En el siglo XIX, esa manera de ver el mundo produjo innumerables inventos, acumulación de riqueza y el surgimiento de ese país como gran potencia. Pero con este poder creciente, el entorno dejó de ser violento para los estadunidenses, y su carácter empezó a cambiar.

La realidad terminó por verse como algo por eludir. Secreta y lentamente, los estadunidenses desarrollaron el gusto por la evasión: de sus problemas, el trabajo, la severidad de la vida. Su cultura dio en inventar un sinfín de fantasías para su consumo. Y alimentados de esas ilusiones, se volvieron más fáciles de engañar, en ausencia de un termómetro para distinguir la realidad de la ficción.

Esta dinámica se ha repetido a lo largo de la historia. La antigua Roma comenzó siendo una pequeña ciudad-Estado. Sus habitantes eran fuertes y estoicos. Se hicieron famosos por su pragmatismo. Pero cuando Roma pasó de república a imperio y su poder se extendió, todo cambió. La mente de sus habitantes ansiaba formas cada vez más nuevas de escapismo. Perdieron todo sentido de la proporción; batallas políticas triviales consumían su atención, no los peligros mayores a las afueras del imperio. Éste cayó mucho antes de la invasión de los bárbaros. Se desplomó debido a la complacencia colectiva de sus habitantes, que volvieron la espalda a la realidad.

Entiende: como individuo no puedes impedir que fantasía y escapismo impregnen la cultura. Pero puedes ser un baluarte contra esta tendencia y generar poder para ti. Naciste con el arma más grandiosa de la naturaleza: la mente consciente y racional. Ella puede ampliar en alto grado tu visión, y darte la capacidad excepcional de distinguir patrones en los hechos, aprender del pasado, vislumbrar el futuro y ver más allá de las apariencias. Las circunstancias conspiran para embotar e inutilizar esa arma haciendo que te abstraigas y temas a la realidad.

Considéralo una guerra. Combate lo más posible esa tendencia y sigue la dirección contraria. Debes salir de ti y convertirte en un observador agudo de lo que te rodea. Librarás así una batalla contra las fantasías que se te dirigen. Ajustarás tu contacto con el entorno. Necesitas claridad, no confusión y escapismo. Seguir esta dirección te dará poder instantáneo entre tantos soñadores.

Ve lo que sigue como ejercicios para tu mente, a fin de que sea menos rígida, más penetrante y expansiva, un indicador más preciso de la realidad. Practícalos tanto como puedas.

REDESCUBRE LA CURIOSIDAD: APERTURA

Sócrates, el filósofo griego, se enteró un día de que el oráculo de Delfos lo había proclamado el hombre más sabio del mundo. Esto lo desconcertó; no se creía digno de tal epíteto. Se sintió incómodo. Decidió recorrer Atenas en busca de alguien más sabio que él; eso sería fácil, y desmentiría al oráculo.

Sostuvo así numerosas conversaciones con políticos, poetas, artesanos y filósofos. Y se dio cuenta de que el oráculo tenía razón. Todas las personas con las que habló estaban muy seguras de lo que decían, y aventuraban firmes opiniones sobre temas que desconocían; se daban muchos aires. Pero si se les cuestionaba, no podían defender sus opiniones, que parecían basadas en algo que habían resuelto años atrás. Sócrates comprendió que su superioridad era saber que no sabía nada. Esto abría su mente a las cosas tal como eran, origen de todo conocimiento.

Esta actitud de ignorancia básica fue la que tuviste de niño. Tenías necesidad y sed de conocimiento para remediar esa falta, así que observabas el mundo de cerca y asimilabas gran cantidad de información. Todo era motivo de asombro para ti. Sin embargo, con el tiempo nuestra mente tiende a cerrarse. En algún momento creemos saber todo lo que necesitamos; nuestras opiniones se vuelven firmes y seguras. Pero actuamos así por miedo. No nos gusta que se cuestionen nuestras suposiciones sobre la vida. Llevado al extremo, esto puede volvernos demasiado defensivos, y empujarnos a encubrir nuestros temores actuando con excesiva seguridad y aplomo.

Lo que debes hacer es recuperar la mente que tenías de niño: abrirte a la experiencia, no cerrarte a ella. Un día imagina que no sabes nada, que lo que crees podría ser totalmente falso. Deshazte de tus ideas preconcebidas, e incluso de tus creencias más preciadas. Experimenta. Oblígate a adoptar la opinión contraria o a ver el mundo a través de los ojos de tu enemigo. Escucha con más atención a quienes te rodean. Ve todo como fuente de instrucción, aun los encuentros más banales. Imagina que el mundo sigue lleno de misterio.

Cuando operes así, notarás algo extraño: empezarán a lloverte oportunidades, porque de pronto serás más receptivo a ellas. A veces la casualidad o la suerte depende de tu apertura mental.

CONOCE EL TERRENO COMPLETO: EXPANSIÓN

La guerra se libra en un terreno específico. Pero implica algo más. También están la moral de los soldados enemigos, los líderes políticos que los ponen en movimiento, la mente de los generales que toman las decisiones clave, y el dinero y recursos detrás de todo eso. Un general mediocre restringirá su conocimiento al terreno físico. Uno mejor tratará de ampliar su conocimiento leyendo informes sobre los demás factores que influyen en un ejército. Y el general superior intentará ahondar su conocimiento observando con sus propios ojos todo lo posible o consultando fuentes de primera mano. Napoleón Bonaparte es el general más grande de la historia, y lo que lo elevó sobre los demás fue la inmensa información que asimilaba de todos los detalles de la batalla, con los menos filtros posibles. Esto le daba una comprensión superior de la realidad.

Tu meta debe ser seguir los pasos de Napoleón. Abarca lo más posible con tus propios ojos. Comunícate con gente a todo lo largo de la cadena de mando de tu organización. No pongas barreras en tus interacciones sociales. Debes tener mayor acceso a ideas diferentes. Fuérzate a asistir a eventos y lugares ajenos a tu círculo habitual. Si no puedes observar algo de primera mano, intenta conseguir informes más directos y menos filtrados, o varía tus fuentes para poder ver las cosas desde varios ángulos. Hazte una idea precisa de lo que ocurre en tu entorno: del terreno completo.

LLEGA A LA RAÍZ: PROFUNDIDAD

Malcolm X era realista: su manera de ver el mundo había sido depurada por años en las calles y la cárcel. Puesto en libertad, su misión en la vida fue descubrir la fuente del problema de los negros en Estados Unidos. Como él mismo explicaría en su autobiografía, "a este país le gusta la simulación, la evasión, la superficialidad, no enfrentar sus problemas de fondo". Decidió entonces cavar lo más posible bajo la superficie, hasta llegar a la que creyó la causa última: la dependencia. Según él, los afroestadunidenses no hacían nada por ellos mismos; dependían del gobierno, los liberales, sus líderes... de todos, menos de sí mismos. Si podían poner fin a esa dependencia, todo cambiaría.

Malcolm X murió sin cumplir por entero su misión, pero su método es válido en todo momento. Si no llegas a la raíz de un problema, nunca lo resolverás. A la gente le agrada quedarse en la superficie, emocionarse y reaccionar haciendo cosas para sentirse mejor en lo inmediato pero nada para sí misma a largo plazo.

Al toparte con un problema, la potencia y dirección de tu mente debe ser ésta: calar cada vez más hondo hasta llegar a lo básico, a la raíz. Nunca te des por satisfecho con lo que se presenta a tus ojos. Ve qué hay debajo, asimílalo, y llega más hondo todavía. Cuestiona siempre por qué pasa algo particular, cuáles son los motivos de los diversos actores, quién tiene el control, a quién beneficia tal o cual acto. Con frecuencia todo gira alrededor del dinero y el poder; esto es por lo que la gente acostumbra pelear, aunque trate de disimularlo. Quizá nunca llegues a la auténtica raíz, pero tu búsqueda te acercará a ella. Y operar de este modo te ayudará a transformar tu mente en un instrumento analítico eficaz.

VE MÁS ALLÁ: PROPORCIÓN

Como seres racionales y conscientes por naturaleza, no podemos menos que pensar en el futuro. Pero, por miedo, la mayoría limita su visión del futuro al corto plazo: mañana, un par de semanas, tal vez un plan vago para los meses venideros. Libramos tantas batallas inmediatas que nos cuesta trabajo alzar la vista del presente. Pero es una ley del poder que entre más lejos y hondo contemplamos el futuro, más capaces somos de moldearlo conforme a nuestros deseos.

Si tienes una meta a largo plazo, que has imaginado con todo detalle, podrás tomar mejores decisiones en el presente. Sabrás qué batallas o posiciones evitar, porque no te permiten avanzar a tu meta. Con la mira puesta en el futuro, podrás distinguir los peligros que se perfilan en el horizonte y tomar medidas proactivas para conjurarlos. Tendrás sentido de la proporción: a veces nos empeñamos en cosas que a la larga no importan. Todo esto te dará más energía para alcanzar tus objetivos.

Como parte de este proceso, examina los pequeños problemas que en el presente te afectan a ti o a tu proyecto y traza flechas al futuro, imaginando adónde podrían llevarte si crecieran. Piensa en errores graves, propios o ajenos. ¿Cómo habrían podido preverse? Suele haber señales que más tarde parecen obvias. Piensa entonces en señales que quizá hoy ignoras.

JUZGA A LA GENTE POR SUS ACTOS, NO POR SUS PALABRAS: AGUDEZA

En la guerra u otra competencia, no prestas atención a las buenas o malas intenciones de los demás. No importan. Así debe ser también en el juego de la vida. Todos queremos ganar, y algunos usarán justificaciones morales a su favor. Pero fíjate sólo en las maniobras de la gente: sus actos pasados y lo que puedes esperar de ella en el futuro. Sé absolutamente realista en esto. Debes saber que todos buscamos poder, y que para conseguirlo a veces manipulamos y hasta engañamos. Así es la naturaleza humana, y no hay por qué avergonzarse. No tomes las maniobras ajenas como algo personal; limítate a defenderte y avanzar.

Como parte de este ejercicio, sé un mejor observador de los demás. Y no podrás hacer esto por internet, sino en la interacción personal. Trata de interpretar a la gente, entrever lo mejor posible sus intenciones. Así entenderás, por ejemplo, que alguien que de buenas a primeras se muestra demasiado cordial no suele pretender nada bueno. Si te adulan, comúnmente es por envidia. La conducta ostentosa y exagerada es una señal. No caigas en la trampa de los gestos grandilocuentes de los demás, del rostro público que adoptan. Pon más atención en el detalle, en las pequeñas cosas que revelan en la vida diaria. Sus decisiones son muy reveladoras, y a menudo discernirás un patrón si las analizas de cerca.

En general, mirar a la gente con el cristal de tus emociones nublará tu visión y te hará malinterpretar todo. Aguza tu vista en dirección a tus semejantes; vuélvela penetrante, objetiva y libre de prejuicios.

REEVALÚATE: DISTANCIAMIENTO

En ocasiones tendrás que aplicar a ti mismo tus crecientes facultades de observación. Concibe esto como un rito por celebrar cada tantas semanas, una reevaluación rigurosa de quién eres y adónde vas. Examina tus actos recientes como si fueran las maniobras de otro. Piensa cómo habrías podido hacer mejor todo: evitar batallas innecesarias o enfrentar a quienes se interpusieron en tu camino en lugar de rehuirles. La meta no es apabullarte, sino que tengas la capacidad de adaptar y cambiar tu comportamiento acercándote más a la realidad.

El fin de este ejercicio es cultivar un distanciamiento adecuado de ti mismo y la vida, no sentirlo en todo momento. A veces tendrás que actuar con audacia y valor, sin dudar ni tomar distancia de ti. Pero otras tendrás que poder valorar qué sucede sin que tu ego ni tus emociones influyan en lo que percibes. Asumir internamente una postura de distanciamiento serena para observar los hechos se volverá un hábito al que podrás acudir en medio de una crisis. En esos momentos de la vida en los que otros pierden el equilibrio, tú encontrarás el tuyo con relativa holgura. El no ser fácil de alterar por los acontecimientos te atraerá atención y poder.

Cambio de perspectiva

El término "realista" suele tener una connotación negativa. Según la opinión dominante, los realistas pueden ser excesivamente prácticos; carecen de sensibilidad para las cosas finas y elevadas de la vida. En casos extremos pueden ser cínicos, manipuladores y maquiavélicos. Son lo contrario de los soñadores, personas de gran imaginación que nos inspiran con sus ideales o nos divierten con sus creaciones fantásticas.

Este concepto resulta de ver el mundo con el cristal del miedo. Es hora de cambiar de perspectiva y ver a soñadores y realistas en su verdadera dimensión. Los soñadores, que malinterpretan las cosas y actúan movidos por la emoción, tienden a dar origen a los peores errores de la historia: las guerras no planeadas, los desastres no previstos. Los realistas, en cambio, son los auténticos inventores e innovadores. Son hombres y mujeres imaginativos, pero cuya imaginación está en estrecho contacto con el entorno, con la realidad; son científicos empíricos, escritores con una aguda comprensión de la naturaleza humana o líderes que nos guían con cautela por una crisis. Estas personas son lo bastante fuertes para ver el mundo como es, lo que incluye sus deficiencias individuales.

Vayamos más lejos aún: la verdadera poesía y belleza de la vida procede de una intensa relación con la realidad en todos sus aspectos. El realismo es, de hecho, el ideal al que debemos aspirar, el punto más alto de la racionalidad humana.

A un pueblo que se aferra a sus ilusiones le resulta difícil, si no es que imposible, aprender lo que vale la pena. Pero un pueblo que debe crearse a sí mismo tiene que examinar todas las cosas, y absorber el aprendizaje como las raíces de un árbol absorben el agua.

–James Baldwin

CAPÍTULO 2

Aprópiate de todo: Independencia

Cuando trabajas para otros, estás a su merced. Se adueñan de tu trabajo; se adueñan de ti. Tu espíritu creativo se asfixia. Lo que te mantiene en esa situación es el miedo a hundirte o a tener que nadar tú mismo. Pero lo que deberías temer de veras es qué será de ti si sigues dependiendo del poder de los demás. Tu meta en cada maniobra en la vida debe ser apropiarte de algo, pelear lo tuyo. Cuando te adueñas de algo, en tus manos está conservarlo; te sientes más motivado, más creativo, más vital. El supremo poder en la vida es ser totalmente independiente, totalmente tú.

El imperio del traficante

La naturaleza humana está constituida de tal forma que no puede honrar a un hombre incompetente, pese a que pueda apiadarse de él; pero ni siquiera podrá hacer esto por mucho tiempo si no brotan indicios de aptitud.

—Frederick Douglass

Luego de cumplir una breve sentencia en un centro de rehabilitación de Brooklyn por su primer delito como traficante de drogas, Curtis Jackson regresó a las calles para volver a empezar prácticamente de cero. Las sumas que había obtenido en los años anteriores como conecte de barrio se habían acabado, y sus clientes leales ya tenían otros proveedores.

Un amigo con un buen negocio de crack le ofreció empleo como embolsador de droga. Le pagaría diario, y no poco. Curtis estaba urgido de dinero, así que aceptó la oferta. Quizá más tarde su amigo le pasaría parte del negocio, y él podría restablecerse. Pero desde el primer día se dio cuenta de que había cometido un error. Los demás embolsadores con los que trabajaba habían sido traficantes también. Pero ahora eran empleados: tenían que llegar a determinada hora y someterse a la autoridad del patrón. Curtis había perdido no sólo su dinero, sino también su libertad. Esta nueva situación iba contra todas las lecciones de sobrevivencia que había aprendido hasta entonces en su corta vida.

Curtis no conoció a su padre, y su madre fue asesinada cuando él tenía ocho años. En esencia lo educaron sus abuelos; ellos habían sido buenos y cariñosos, pero tenían muchos otros hijos que cuidar, y poco tiempo para atender a cada uno. Cuando Curtis había necesitado consejo u orientación, no había tenido a quién recurrir. Cuando había querido estrenar ropa o algo así, había evitado pedírselo a sus abuelos: no tenían dinero. Todo esto le enseñó que estaba esencialmente solo en el mundo. No podía contar con que alguien le daría algo. Tenía que valerse por sí solo.

El crack causó furor en las calles, a mediados de los años ochenta, y todo cambió en barrios como el suyo. Antes, grandes bandas controlaban el negocio de la droga, y para estar en él había que buscar acomodo en la estructura de esos grupos y dedicar años enteros a ascender. Pero el crack era tan fácil de elaborar, y tal su demanda, que cualquiera —aun siendo muy joven— podía entrar al gremio sin capital inicial. Se podía trabajar por cuenta propia y ganar mucho dinero. Para quienes, como Curtis, habían crecido con poca supervisión familiar y desprecio por la autoridad, ser traficante de barrio era la opción perfecta: sin jefes, sin politiquería. Así, Curtis se unió pronto al creciente grupo de conectes de crack en las calles de Southside Queens.

Una vez que se adentró en el oficio, aprendió una lección fundamental. El conecte callejero enfrentaba infinidad de peligros y problemas: policías encubiertos, drogadictos, y rivales prestos a robar. Si era débil, buscaría ayuda o algo en qué apoyarse, como drogas o alcohol. Pero eso sería su ruina. El amigo no aparecía como había prometido, o la mente se nublaba tanto de drogas que no advertía una traición. La única forma de sobrevivir era admitir que se estaba solo, aprender a tomar decisiones propias y confiar en el juicio individual. No pedir lo que se necesitaba, sino tomarlo. Depender únicamente del propio ingenio.

Era como si un traficante, nacido en la miseria y la estrechez, poseyera un imperio. Éste no era algo físico: la esquina en la que trabajaba o el barrio que quería dominar. Era su tiempo, su energía, sus planes creativos, su libertad para ir donde quisiera. Si mantenía el mando de ese imperio, ganaría mucho dinero. Si pedía ayuda; si caía en la trampa de la politiquería, echaría todo a perder. En este caso, las condiciones negativas del barrio se magnificaban, y él terminaría como mendigo, o peón de un juego ajeno.

Sentado ese primer día, mientras embolsaba droga, Curtis comprendió que aquél era algo más que un paréntesis pasajero en su vida en el que le urgía dinero. Era un momento crucial. Miró a los demás embolsadores. Todos habían sufrido vuelcos de la fortuna: violencia, cárcel, etcétera. Se habían asustado y cansado de batallar. Querían la comodidad y seguridad de un sueldo. Y ésa sería la pauta el resto de su vida: con miedo a los desafíos de la existencia, acabarían dependiendo de la ayuda ajena. Tal vez podrían seguir así varios años; pero la hora de la verdad llegaría cuando ya no hubiera empleo y ellos hubieran olvidado cómo valerse por sí mismos.

Era absurdo que Curtis creyera que el sujeto que lo empleaba como embolsador le ayudaría a establecerse algún día. Los jefes no hacen eso, aun si son amigos. Piensan en sí mismos y usan a los demás. Tenía que zafarse lo más pronto posible, antes de que ese imperio se le escurriera de las manos y él se viera convertido en un exconecte más que dependiera de favores.

Tras adoptar rápidamente la mentalidad del traficante, ideó cómo salir de la trampa. Al final de ese primer día, hizo un trato con los otros embolsadores. Les repartiría diario su sueldo. A cambio, les enseñaría a meter menos crack en cada cápsula sin que dejara de parecer llena (lo había hecho en la calle durante años). Ellos le darían el crack sobrante de cada cápsula. En una semana Curtis había acumulado droga suficiente para traficar en las calles de nuevo, bajo sus propias reglas. Se juró no volver a trabajar nunca para otra persona. Antes preferiría morir.

Años más tarde, Curtis (ya conocido entonces como 50 Cent) había logrado transitar tersamente a la música, y tras la intensa promoción de su caset en las calles de Nueva York, en las que se volvió una celebridad, llamó la atención de Eminem, quien lo ayudó a obtener un lucrativo contrato en su propio sello discográfico en Interscope Records.

Había tanto que hacer para el lanzamiento de su primer álbum, *Get Rich or Die Tryin'* –una campaña de mercadotecnia, videos, material gráfico–, que se fue a Los Angeles a colaborar con Interscope en esos proyectos. Pero entre más tiempo pasaba en las cómodas oficinas de esta compañía, más se sentía en otro momento decisivo de su vida.

El juego de los ejecutivos de Interscope era simple: apropiarse de música ajena y mucho más. Querían envasar al artista a su modo, y dictar todas las decisiones clave de videos y publicidad. Prodigaban a cambio dinero y gratificaciones. Creaban así una sensación de dependencia: sin esa enorme maquinaria detrás, el artista se sentía indefenso ante una industria ferozmente competitiva. En esencia, cambiaba dinero por libertad. Y una vez que sucumbía en su interior a la lógica y el dinero de los ejecutivos, estaba acabado. Era un embolsador bien remunerado que cumplía su deber.

Como lo había hecho antes, entonces, Fifty adoptó la mentalidad del traficante para reclamar su imperio. En lo inmediato, intrigó para poder filmar sus videos con dinero propio e ideó su programa de mercadotecnia. A Interscope le pareció que de este modo le ahorraba tiempo y recursos, pero para Fifty fue una manera sutil de recuperar el control de su imagen. Montó en Interscope un sello discográfico para su grupo de artistas, y lo usó para aprender todo sobre producción. Creó una página en internet donde pudiera experimentar con nuevas formas de comercializar su música. Volteó así la dinámica de la dependencia, usando a Interscope para aprender a hacer las cosas solo.

Todo esto formaba parte del fin que tenía en mente: cancelar su contrato con Interscope, y en vez de negociar uno nuevo, proclamar su independencia y ser el primer artista en establecer un sello discográfico autónomo. Desde esta posición de poder no habría más ejecutivos por complacer, y él podría extender su imperio bajo sus propias reglas. Sería exactamente la misma libertad que había experimentado en la calle, pero a escala global.

La actitud del valiente

Nací solo y moriré solo. Hago lo que me parece bien,
no lo que quieren los demás.

—50 Cent

Llegaste a la vida con las únicas pertenencias que realmente importan: tu cuerpo, el tiempo que tienes para vivir, tu energía, tus pensamientos e ideas únicos y tu autonomía. Pero a través de los días
tiendes a renunciar a todo eso. Pasas años trabajando para otros:
ellos se adueñan de ti durante ese tiempo. Caes innecesariamente
en juegos y batallas ajenos, perdiendo tiempo y energía que nunca recuperarás. Terminas respetando cada vez menos tus propias
ideas, escuchando a expertos, ajustándote a las opiniones convencionales. Sin darte cuenta, desperdicias tu independencia, justo lo
que te convierte en un individuo creativo.

Antes de que sea demasiado tarde, debes reevaluar todo tu concepto de apropiación. Ésta no consiste en poseer cosas, dinero o
títulos. Puedes tener todo esto en abundancia, pero si sigues buscando ayuda y orientación en los demás; si tu dinero o recursos
dependen de ellos, acabarás perdiendo lo que tienes cuando te de-
frauden, llegue la adversidad o adoptes, por impaciencia, un plan insensato. La verdadera apropiación sólo puede venir de dentro. Surge del rechazo a todo o todos los que interfieren en tu movilidad,
desde la seguridad en tus decisiones y hasta el uso de tu tiempo en
constante búsqueda de conocimiento y superación.

Sólo desde esta posición interior de fortaleza e independencia
podrás trabajar verdaderamente para ti, sin ceder nunca. Si apare-
cen situaciones en las que debes aceptar socios o integrarte a otra
organización, prepárate mentalmente para cuando salgas de esos
enredos momentáneos. Si, para empezar, no tomas posesión de ti,
estarás continuamente a merced de personas y circunstancias, mirando hacia fuera en vez de confiar en ti y en tu ingenio.

Entiende: hoy en día vivimos la revolución de los emprendedores, comparable a la que arrasó con el barrio de Fifty en los años ochenta, pero a escala global. Los viejos centros de poder se han hecho añicos. En todas partes los individuos quieren más control sobre su destino, y respetan menos a una autoridad que no se basa en el mérito sino en la fuerza. Todos nos hemos preguntado por qué alguien debería gobernarnos, por qué nuestras fuentes de información deberían depender de los medios prevalecientes, etcétera. Ya no aceptamos lo que antes.

Todo esto nos conduce al derecho y capacidad de dirigir nuestro propio proyecto, cualquiera que sea su forma o modo, para experimentar esa libertad. Todos somos conectes de barrio en un nuevo entorno económico, y para prosperar en él debemos cultivar la misma independencia que ayudó a Fifty a evitar las peligrosas dependencias que lo amenazaron en el camino.

Para Fifty fue muy claro: estaba solo en su casa y en la calle. Carecía de los apoyos habituales, así que tuvo que ser autosuficiente. Las consecuencias de depender de los demás eran, en su caso, mucho más severas: significaban decepciones constantes y la insatisfacción de necesidades urgentes. A nosotros nos es más difícil darnos cuenta de que estamos esencialmente solos en el mundo, y de la necesidad de las habilidades que Fifty debió desarrollar en las calles. Contamos con varias capas de apoyo que aparentemente nos sostienen. Pero a fin de cuentas, estos apoyos son ilusiones.

A todos nos gobierna el interés propio. Es natural que primero pensemos en nosotros y nuestros asuntos. Una ocasional demostración de cariño o atención de parte de personas conocidas tiende a enturbiar esta realidad y a hacer que esperes más apoyo, hasta decepcionarte en múltiples ocasiones. Estás más solo de lo que crees. Pero esto no debe ser fuente de temor, sino de libertad. Cuando te demuestras que puedes hacer cosas por tu cuenta, experimentas una sensación de liberación. Ya no esperas a que la gente haga esto o aquello por ti (una experiencia frustrante y exasperante). Confías en que eres capaz de manejar solo cualquier adversidad.

Considera el caso de Rubin, Hurricane Carter, exitoso boxeador de peso medio que fue arrestado en 1966, en el pináculo de su carrera, acusado de triple asesinato. Al año siguiente se le condenó y sentenció a tres cadenas perpetuas consecutivas. Él insistió en su inocencia hasta que, en 1986 se le exoneró por fin y fue puesto en libertad. Pero durante esos diecinueve años tuvo que soportar uno de los ambientes más brutales conocidos por el hombre, ideado para aniquilar hasta el último vestigio de autonomía.

Carter sabía que algún día se le dejaría en libertad. Pero cuando fuera liberado, ¿andaría por las calles con espíritu abatido por sus años en prisión? ¿Sería del tipo de reos que regresaban una y otra vez al sistema porque ya no podían hacer nada por sí mismos?

Decidió vencer al sistema: usaría sus años en la cárcel para desarrollar su independencia, a fin de que su liberación tuviera sentido. Con ese propósito concibió la siguiente estrategia: mientras estuviera entre paredes, actuaría como un hombre libre. No llevaría uniforme ni gafete. Era un individuo, no un número. No comería con los demás presos, ni haría las tareas asignadas, ni asistiría a sus audiencias de libertad condicional. Se le incomunicó por esas transgresiones, pero no temía los castigos ni estar solo. Lo único que temía era perder su dignidad y sentido de apropiación.

Como parte de esa estrategia se negó a tener en su celda los entretenimientos usuales: televisión, radio, revistas pornográficas. Sabía que terminaría dependiendo de esos cómodos placeres, y que esto daría a los guardianes algo que quitarle. Asimismo, que esas diversiones eran meros intentos de matar el tiempo. Se volvió en cambio un lector voraz de libros que le ayudaran a fortalecer su temple. Escribió una autobiografía que ganó simpatía para su causa. Aprendió leyes, decidido a encargarse de la anulación de su condena. Transmitía a otros presos las ideas que adquiría en sus lecturas. De esta forma reclamó para sus propósitos el tiempo muerto de la prisión.

Cuando al fin se le puso en libertad, se negó a demandar al Estado; esto sería reconocer que se le había encarcelado y necesitaba compensación. No necesitaba nada. Era ya un hombre libre con las habilidades indispensables para tener poder en el mundo. Al salir de la cárcel se volvió un exitoso defensor de los derechos de los presos y recibió varios grados honorarios en derecho.

Velo así: la dependencia es un hábito muy fácil de adoptar. Vives en una cultura que te ofrece muletas de todo tipo: expertos por consultar, medicinas para calmar cualquier inquietud psicológica, placeres dulces para pasar o matar el tiempo, empleos para mantenerte a flote. Es difícil que te resistas. Pero una vez que cedes, es como si entraras a una cárcel de la que nunca podrás salir. Buscarás ayuda externa sin cesar, y esto limitará severamente tus opciones y capacidad de maniobra. Cuando llegue el inevitable momento en que debas tomar una decisión importante, no tendrás dentro de ti nada en qué apoyarte.

Antes de que sea demasiado tarde, sigue la dirección opuesta. Tu necesaria fortaleza interior no puede proceder de libros, un gurú o pastillas de ninguna clase. Sólo puede provenir de ti. Para conseguirla, practica a diario esta especie de ejercicio: líbrate de dependencias, escucha menos la voz de los demás y más la tuya, cultiva nuevas habilidades. Tal como le ocurrió a Carter y Fifty, descubrirás que la independencia se te vuelve hábito, y que todo lo que huele a depender de los demás termina por horrorizarte.

Claves para la valentía

Soy dueño de mi fuerza cuando sé que soy único.
—Max Stirner

De niños todos enfrentamos un dilema parecido. Iniciamos la vida como seres testarudos aún por domesticar. Queríamos y exigíamos cosas, y sabíamos cómo obtenerlas de los adultos que nos rodeaban. Pero al mismo tiempo dependíamos por completo de nuestros padres para conseguir muchas cosas importantes: consuelo, protección, amor, orientación. Así, en el fondo desarrollamos una ambivalencia. Queríamos libertad y poder para movernos por nuestra cuenta, pero también ansiábamos el consuelo y la seguridad que sólo otros podían darnos.

En la adolescencia nos rebelamos contra la parte dependiente de nuestro carácter. Queríamos diferenciarnos de nuestros padres y demostrar que podíamos valernos por nosotros mismos. Nos empeñamos en formar nuestra identidad, y en dejar de ajustarnos simplemente a los valores de nuestros padres. Pero cuando crecemos, esa ambivalencia de la niñez tiende a volver a la superficie. Frente a las dificultades y competencia del mundo de los adultos, una parte de nosotros anhela retornar a esa situación infantil de dependencia. Mantenemos un aspecto adulto y seguimos pugnando por obtener poder, pero en el fondo querríamos que nuestra pareja, compañeros, amigos o jefes cuidaran de nosotros y resolvieran nuestros problemas.

Debemos librar una batalla feroz contra esa arraigada ambivalencia, mediante una comprensión clara de lo que está en juego. Nuestra tarea como adultos es tomar plena posesión de la autonomía e individualidad con que nacimos. Superar por fin la fase dependiente de la infancia y sostenernos nosotros solos. Debemos considerar peligroso y regresivo el deseo de volver a esa fase. Surge del miedo a asumir la responsabilidad de nuestros éxitos y fracasos, a tener que actuar y tomar decisiones difíciles. Con frecuencia nos hacemos creer lo contrario: que trabajando para otros, siendo diligentes, adaptándonos, o subordinando al grupo nuestra individualidad somos buenas personas. Pero es nuestro miedo el que habla, y nos engaña. Si cedemos a él, nos pasaremos la vida buscando la salvación fuera de nosotros, sin encontrarla jamás. Pasaremos simplemente de una dependencia a otra.

Para la mayoría, el terreno decisivo en esta guerra es el trabajo. Casi todos empezamos nuestra vida adulta con grandes ambiciones de poner en marcha nuestros proyectos, pero la rudeza de la vida nos agota. Nos establecemos entonces en un empleo y cedemos, poco a poco, a la ilusión de que nuestro jefe se interesa en nosotros y nuestro futuro, de que dedica tiempo a pensar en nuestro bienestar. Olvidamos la verdad esencial de que a todos nos gobierna el interés propio. Nuestro jefe nos conserva por necesidad, no por gusto. Se deshará de nosotros en cuanto esa necesidad disminuya o él encuentre alguien más joven y menos caro con quien remplazarnos. Si sucumbimos a la ilusión y comodidad de un salario, no reforzaremos nuestras habilidades de independencia; sólo aplazaremos el día en que nos veamos obligados a valernos por nosotros mismos.

Tu vida debe ser una evolución hacia la apropiación, primero mental de tu independencia y luego física de tu trabajo, para adueñarte de lo que produces. Concibe los pasos siguientes como una especie de plan en esa dirección.

PASO UNO: RECLAMA EL TIEMPO MUERTO

Cuando Cornelius Vanderbilt (1794-1877) tenía doce años, se le forzó a trabajar para su padre en la pequeña empresa naviera de éste. Era un trabajo esclavizante, y lo aborrecía. Pero Cornelius era un muchacho obstinado y ambicioso, así que en su mente decidió iniciar en un par de años su propia empresa naviera. Esta simple decisión lo cambió todo. Su trabajo se volvió un aprendizaje apremiante. Debía tener los ojos bien abiertos y aprender todo lo posible del negocio de su padre, lo que incluía cómo hacer mejor las cosas. Un trabajo tedioso se convirtió en un emocionante desafío.

A los dieciséis años Vanderbilt pidió prestados cien dólares a su madre. Con ese dinero compró una lancha y empezó a transportar pasajeros entre Manhattan y Staten Island. Un año después pagó el préstamo. A los veintiuno ya había hecho una pequeña fortuna e iba en camino de ser el hombre más rico de la época. Con base en esta experiencia estableció su lema de toda la vida: "Jamás subordinado, siempre dueño".

El tiempo es el factor crucial de nuestra existencia, nuestro recurso más preciado. El problema cuando trabajamos para otros es que gran parte del tiempo es tiempo muerto, que queremos que pase lo más rápido posible, que no nos pertenece. Casi todos tenemos que empezar nuestra carrera trabajando para otros, pero en nuestro poder está transformar ese tiempo muerto en vivo. Si decidimos lo mismo que Vanderbilt —ser dueños, no subordinados—, ese tiempo nos servirá para examinar mejor lo que ocurre a nuestro alrededor: la politiquería, los detalles de un proyecto particular, la situación general del mundo de los negocios, cómo hacer mejor las cosas. Debemos poner atención y asimilar toda la información posible. Esto nos ayudará a soportar un trabajo que parece poco gratificante. Nos apropiaremos así de nuestro tiempo e ideas antes de adueñarnos de nuestro proyecto.

Recuerda: tu jefe prefiere mantenerte en situación de dependencia. Le interesa que no seas independiente, y tenderá por tanto a retener información. Oponte a eso en secreto y consigue la información por ti mismo.

PASO DOS: CREA PEQUEÑOS IMPERIOS

Al seguir trabajando para otros, en algún momento tu meta debe ser conseguir áreas reducidas que puedas operar por tu cuenta, para cultivar tus habilidades como emprendedor. Esto podría significar ofrecer hacerte cargo de proyectos que otros han dejado sin terminar o proponer la aplicación de una nueva idea tuya, aunque no demasiado impactante para provocar desconfianza. Cultivarás así el gusto por hacer cosas tú solo: tomar decisiones, aprender de tus errores. Si tu jefe no te permite hacer algo semejante, estás en el lugar equivocado. Si fracasas en tal proyecto, al menos habrás adquirido conocimientos valiosos. Pero, en general, emprender algo por iniciativa propia te obligará a trabajar más y mejor. Te sentirás más creativo y motivado, porque es más lo que está en juego; aceptarás el reto.

Ten esto en mente: lo que debes valorar de verdad en la vida es la apropiación, no el dinero. Si te dan a escoger entre más dinero o más responsabilidad, elige siempre esto último. Un puesto mal remunerado que ofrece más margen para tomar decisiones y forjar pequeños imperios es infinitamente preferible a uno bien remunerado pero que limita tus movimientos.

PASO TRES: SUBE POR LA CADENA ALIMENTICIA

En 1499, el papa Alejandro VI logró obtener un principado para su hijo, César Borgia, en la Romaña italiana. No fue fácil. Poderes de todo tipo competían por el control del país: familias prominentes en los círculos políticos, reyes extranjeros que intrigaban para tomar ciertas regiones, ciudades-Estado con esferas de influencia, y por último la Iglesia misma. Para obtener la Romaña para su hijo, el papa tuvo que ganarse a una de las dos familias más poderosas de Italia, hacer una alianza con el rey Luis XII de Francia y contratar un ejército.

César Borgia era un joven astuto. Se proponía extender sus dominios más allá de la Romaña y unificar toda Italia, para convertirla en una gran potencia. Pero su situación dependía de las diversas fuerzas externas que controlaban su destino, cada una por encima de la otra: el ejército obligado con las familias poderosas y el rey de Francia, y luego el propio papa, que podía morir en cualquier momento y ser remplazado por alguien hostil a los Borgia. Estas alianzas podían cambiar y volverse en su contra. Tenía que eliminar entonces esas dependencias, una por una, hasta sostenerse por sí solo, sin nadie arriba de él.

Valiéndose de sobornos, se puso a la cabeza de la facción familiar con la que su padre lo había aliado, y procedió luego a eliminar al principal rival de esa familia. Maniobró para librarse del ejército mercenario y establecer el suyo propio. Intrigó para formar coaliciones que lo protegieran del rey de Francia, quien ya lo consideraba una amenaza. Se adueñó de cada vez mayor número de regiones. Estaba por ampliar su base hasta un punto sin retorno cuando cayó gravemente enfermo, en 1504. Poco después murió su padre, a quien pronto sucedió un papa decidido a detenerlo. Quién sabe hasta dónde habría llegado Borgia si sus planes no hubieran sido frustrados por esas circunstancias imprevistas.

Borgia fue una suerte de emprendedor independiente que se adelantó a su época. Entendió que los individuos eran animales políticos, que intrigaban sin cesar para proteger sus intereses. Si pides su apoyo, o tu progreso y protección dependen de ellos, te buscarás problemas. En algún momento se volverán contra ti o te usarán para sus fines. Tu meta en la vida debe ser no dejar de subir por la cadena alimenticia, hasta donde sólo tú controles la dirección de tu proyecto y no dependas de nadie. Como esta meta es un ideal futuro, por lo pronto debes pugnar por mantenerte libre de alianzas y enredos innecesarios. Y si te es imprescindible tener socios, cerciórate de esclarecer para qué te servirán y cómo prescindirás de ellos en el momento indicado.

Recuerda que si la gente te da cosas o te hace favores, no es gratis. Quiere algo a cambio: ayuda, lealtad incondicional, etcétera. Debes mantenerte lo más libre posible de esas obligaciones, así que adquiere el hábito de tomar lo que necesitas en vez de esperar que otros te lo den.

PASO CUATRO: HAZ DE TU PROYECTO UN REFLEJO DE TU INDIVIDUALIDAD

Toda tu vida te ha preparado para desarrollar las habilidades e independencia que necesitas para idear un proyecto propio y ser tu propio jefe. Pero hay un último impedimento para alcanzar eso: tenderás a ver qué han hecho otros en tu campo, cómo podrías repetir o emular su éxito. Puedes conseguir cierto poder con esta estrategia, pero no llegarás muy lejos ni te durará.

Comprende: eres único en tu género. Tus rasgos de carácter son una especie de mezcla química que no se repetirá jamás. Tienes ideas únicas, un ritmo y perspectiva específicos que son tus fortalezas, no tus debilidades. No temas tu excepcionalidad, y preocúpate cada vez menos de lo que los demás piensan de ti.

Ésa ha sido la ruta de casi todos los poderosos de la historia. A lo largo de su vida, el gran jazzista Miles Davis resintió la presión de hacer que su música se ajustara a la moda del momento. Contra eso, no dejó de insistir en imprimir su huella en todo lo que tocaba. Esto llegó a tal punto que Davis revolucionó el mundo del jazz con sus constantes innovaciones musicales. En cierto momento, sencillamente dejó de escuchar a los demás. John F. Kennedy se negó a hacer campaña como Franklin Delano Roosevelt, o cualquier otro político estadunidense del pasado. Creó un estilo inimitable, fundado en su época y personalidad. Haciendo las cosas a su manera, alteró para siempre el curso de la contienda política.

La singularidad que expresas no debe ser extravagante, ni demasiado rara. Esto sería de suyo una afectación. No es común que la gente sea tan distinta. Más bien, sé tú mismo, hasta donde te sea posible. El mundo no podrá menos que reaccionar a tu autenticidad.

Cambio de perspectiva

Podría pensarse que las personas independientes y acostumbradas a estar solas son retraídas, quisquillosas e insoportables. En la cultura occidental tiende a ensalzarse a quienes son buenos conversadores, parecen más sociables y caen bien, por ajustarse a ciertas normas. Sonríen y dan la impresión de ser más felices. Pero ésta es una valoración superficial del carácter; si cambiamos de perspectiva y lo juzgamos desde el punto de vista del valiente, llegaremos a la conclusión opuesta.

Las personas autosuficientes suelen sentirse satisfechas consigo mismas. No buscan en otras lo que necesitan. Paradójicamente, esto las vuelve atractivas y seductoras. A todos nos gustaría ser así y estar cerca de ellas, con la esperanza de que se nos pegue un poco de su independencia. La gente desvalida y parásita —con frecuencia la más sociable— nos ahuyenta de modo inconsciente. Sentimos su necesidad de confort y confirmación, y querríamos decirle: "Hazlo tú misma; deja de ser tan débil y dependiente".

Los independientes recurren a los demás por buenas razones: un deseo de grata compañía o un intercambio de ideas. Si la gente no hace lo que ellos quieren o esperan, no se sienten ofendidos ni defraudados. Su felicidad les viene de dentro, y es por eso mucho más profunda.

Finalmente, no te dejes engañar por la cultura del menor esfuerzo. Libros y expertos en autoayuda intentarán convencerte de que puedes tener lo que deseas con sólo seguir unos pasos. Pero lo que llega fácil y rápido, igual se va. La única forma de adquirir independencia u otro poder es el esfuerzo y la práctica. Y este esfuerzo no debe verse como algo desagradable o aburrido; el proceso de conseguir poder sobre ti es lo más satisfactorio de todo, sabiendo que, paso a paso, te elevas sobre las masas dependientes.

> Hay un momento en la educación de todo hombre en que éste llega a la convicción de que [...] la imitación es suicida [...] de que aunque el vasto universo está lleno de bondad, ni un solo grano de trigo llegará a él si no es por el esfuerzo que empeña en la parcela cuyo cultivo se le confió. El poder que reside en ese hombre es de naturaleza novedosa, y nadie sino él mismo sabe lo que puede hacer con él, aunque no hasta que lo prueba.
>
> —Ralph Waldo Emerson

CAPÍTULO 3

Vuelve dulce lo amargo: Oportunismo

Toda situación negativa contiene la posibilidad de algo positivo, una oportunidad. Lo que importa es cómo la veas. Tu falta de recursos puede ser una ventaja, por obligarte a ser más ingenioso con lo poco que tienes. Perder una batalla puede permitir que te presentes como el desvalido digno de compasión. No dejes que el miedo te haga conservador o te lleve a esperar un momento mejor. Si hay circunstancias que no puedes controlar, aprovéchalas al máximo. Transformar todo lo negativo en ventajas y poder es la mayor de las alquimias.

La alquimia del barrio

Quien sobrevive una y otra vez a lo peor que la vida puede ofrecer, deja de sentirse controlado por el miedo a lo que la vida pueda presentarle.

—James Baldwin

Fifty Cent había trabajado más de un año en el que supuestamente sería su primer álbum, *Power of the Dollar*, listo por fin en la primavera de 2000 para que Columbia Records lo sacara a la venta. Este disco representaba todas las complicaciones que él había experimentado en la calle, y esperaba que diera un nuevo rumbo a su vida. Pero en mayo de ese año, semanas antes del lanzamiento, un asesino a sueldo le disparó nueve balas en el asiento trasero de un automóvil, una de las cuales le perforó la mandíbula y estuvo a punto de costarle la vida.

En un instante, todo el ímpetu acumulado se evaporó. Columbia canceló la venta de su disco y su contrato. La violencia extrema asociada con él no era buena para los negocios. Un par de consultas dejaron en claro que en otros sellos se pensaba igual; se le hacía el vacío en la industria. Un ejecutivo le dijo de plano que tendría que esperar al menos dos años antes de pensar en reanudar su carrera.

El intento de asesinarlo fue cuestión de un antiguo problema de sus días como traficante; los perpetradores no podían permitirse dejarlo vivo, así que tratarían de terminar el trabajo. Fifty no debía llamar la atención. Al mismo tiempo, no tenía dinero ni podía volver a traficar en las calles. Incluso muchos de sus amigos, que esperaban beneficiarse de su éxito como rapero, empezaron a evitarlo.

En unas cuantas semanas pasó de las puertas de la fama y la fortuna a tocar fondo. Y su aprieto parecía no tener salida. ¿Sería éste el fin de todos sus esfuerzos? Habría preferido morir ese día que sentir esta impotencia. Pero postrado en cama, en casa de sus abuelos, recuperándose de sus heridas, escuchó mucho radio, y lo que oyó le asestó una increíble descarga de optimismo: empezó a cobrar forma en su mente la idea de que su ejecución frustrada había sido en realidad para bien, de que había una razón por la que había sobrevivido de milagro.

La música en la radio estaba demasiado bien presentada y producida. Aun lo grueso, el gangsta rap, era falso. Las letras no reflejaban nada de lo que él conocía de la calle. La tentativa de hacerlas pasar por reales y urbanas le enojó muchísimo. No era momento de temer o deprimirse, ni de sentarse a esperar años a que toda la violencia a su alrededor se apaciguara. Fifty no había sido nunca un gangsta de estudio, y ya tenía nueve heridas de bala para probarlo. Era momento de convertir su rabia y todas sus emociones siniestras en una potente campaña que sacudiera los cimientos mismos del hip-hop.

Como conecte de esquina, Fifty había aprendido una lección fundamental: en el barrio, el acceso a dinero y recursos es muy limitado. Un traficante debe transformar cada pequeño hecho y cada objeto trivial en un truco para ganar dinero. Aun lo peor que pueda ocurrirle puede volverse oro si es listo. Todos los factores negativos que Fifty enfrentaba entonces —poco dinero, ningún contacto, el precio puesto a su cabeza— podían ser convertidos en lo contrario: ventajas y oportunidades. Así es como encararía los obstáculos aparentemente insuperables que se habían cruzado en su camino.

Decidió desaparecer unos meses y, escondido en casas de amigos, empezó a reinventarse otra vez, junto con su carrera musical. Sin ejecutivos que complacer o por quienes preocuparse, podía llevar sus letras y sonido pesado tan lejos como quisiera. Su voz había cambiado a raíz de los fragmentos de bala que se le habían incrustado en la lengua; ahora tenía un siseo. La boca le seguía doliendo al moverla, así que tenía que rapear más despacio. Pero en vez de pretender normalizar y reeducar su voz, decidió convertir eso en virtud. Su nuevo estilo de rapear sería más intencionado y amenazador; ese silbido recordaría a los oyentes la bala que le había atravesado la mandíbula. Exageraría todo.

En el verano de 2001, justo cuando la gente empezaba a olvidarlo, lanzó a la calle su primera canción. Se llamaba "Fuck You", título que, además de la letra, resumía lo que sentía por sus agresores, y por todos los que querían verlo muerto. El solo hecho de dar a conocer la canción era suficiente como mensaje: desafiaba abierta y públicamente a sus atacantes. Estaba de regreso, y para callarlo tendrían que acabar su trabajo. La rabia palpable en su voz y el sonido pesado del tema causaron sensación en las calles. Esto implicó un trancazo adicional: como Fifty parecía incitar más violencia, el público estaría atento a todo lo que produjera antes de que lo mataran. El ángulo de vida o muerte contribuyó a crear un espectáculo absorbente.

Fifty se puso a vomitar canciones. Se ensañó con la furia que sentía, y con las dudas que la gente había tenido acerca de él. También lo consumía una sensación de apremio: era su última oportunidad para triunfar, así que trabajaba día y noche. Sus casets salían a la venta a un ritmo vertiginoso.

Pronto advirtió que su mayor ventaja estaba en esta campaña: la sensación de que había tocado fondo y no tenía nada que perder. Podía atacar a la industria discográfica y burlarse de su timidez. Podía piratear las canciones más populares de la radio y cambiar su letra para hacer parodias incisivas. No le importaban las consecuencias. Y entre más lejos llevaba esto, mejor respondía su público, fascinado por el filo transgresor del asunto. Era como una cruzada contra toda la porquería y falsedad en la radio, y oír a Fifty equivalía a participar en la causa.

Él continuó así, transformando en positivo todo lo negativo que quepa imaginar. Para compensar la falta de dinero para la amplia distribución de sus casets, decidió animar a los piratas a explotar sus temas y propagar su música como un virus. Por razones de costos, no podía dar conciertos ni hacer ningún tipo de promoción pública; pero también encontró la manera de convertir esto en un recurso de mercadotecnia. Oír su música en todas partes sin poder verlo nunca no hacía sino aumentar la mística y la atención que la gente le otorgaba. Rumores y recomendaciones de boca en boca contribuyeron a generar una especie de mitología de Fifty. Él se dejó ver aún menos para espolear este proceso.

El empuje fue devastador: no se podía ir muy lejos en Nueva York sin oír su música retumbar en una esquina. Uno de sus casets llegó pronto a oídos de Eminem, quien decidió que ahí estaba el futuro del hip-hop y rápido lo contrató para Shady Aftermath, el sello que compartía con Dr. Dre, a principios de 2003, consumando así uno de los giros de fortuna más rápidos y notables de los tiempos modernos.

La actitud del valiente

Todo lo negativo tiene algo positivo. Lo malo que me pasa lo vuelvo bueno. Esto significa que nadie puede perjudicarme.

—50 Cent

Los hechos de la vida no son negativos ni positivos. Son completamente neutros. Al universo no le importa tu destino; es indiferente a la violencia que puede afectarte, y a la muerte misma. Las cosas te suceden y punto. Es tu mente la que decide interpretarlas como negativas o positivas. Y puesto que en el fondo alojas varias capas de miedo, naturalmente tiendes a considerar los obstáculos temporales en tu camino como algo peor: crisis y reveses.

En ese estado de ánimo exageras los peligros. Si alguien te agrede y te daña de alguna manera, reparas en el dinero o prestigio perdido en la batalla, la publicidad negativa o las crudas emociones agitadas. Esto te lleva a extremar precauciones, a replegarte, con la esperanza de ahorrarte esas cosas negativas en el futuro. Es momento, te dices, de serenarse y esperar a que todo mejore; necesitas calma y seguridad.

Lo que no ves es que sin querer emperoras la situación. Tu rival no hace sino fortalecerse mientras te relajas; la publicidad negativa se enfoca hacia ti. Ser conservador se vuelve un hábito que procura momentos menos penosos, pero que te dificulta cada vez más pasar a la ofensiva. En esencia decides interpretar como penurias los inevitables giros de fortuna de la vida, con lo que les concedes un peso y resistencia que no merecen.

Lo que tienes que hacer, como Fifty descubrió, es adoptar el enfoque contrario. En vez de desanimarte y deprimirte por cualquier tropiezo, velo como un llamado de alerta, un reto que transformarás en una oportunidad de poder. Tu energía aumentará. Pasarás al ataque, y tu audacia sorprenderá a tus enemigos. Lo que los demás piensan de ti te importará menos, y paradójicamente esto hará que te admiren: la publicidad negativa se invertirá. No esperarás a que las cosas mejoren: aprovecharás la oportunidad para demostrar lo que vales. Concebir un hecho negativo como un bien facilitará tu avance. Esto es una especie de alquimia mental, que vuelve dulce lo amargo.

Comprende: vivir en una sociedad relativamente próspera va, en muchos sentidos, en detrimento del espíritu. Terminamos por creer que merecemos naturalmente cosas buenas, que se nos deben ciertos privilegios. Cuando surge un revés, es casi una afrenta o castigo personal. "¿Cómo pudo pasar esto?", nos preguntamos. Culpamos a otros, o a nosotros mismos. En cualquier caso, perdemos tiempo valioso y nos exaltamos innecesariamente.

En lugares como el barrio u otro medio con pobreza material, la reacción a la penuria es muy diferente. Ahí es normal que sucedan cosas malas. Forman parte de la vida diaria. El traficante piensa: "Debo aprovechar al máximo lo que tengo, incluso lo malo, porque las cosas no se arreglarán solas. Es tonto esperar; mañana todo podría ser peor". Si Fifty hubiera esperado, como se le aconsejó, sería un rapero más con un momento de éxito, que luego desapareció. El barrio lo habría destruido.

La mentalidad del traficante es más realista y eficaz. La verdad es que la vida es cruel y competitiva por naturaleza. Por poco dinero o recursos que acumules, alguien intentará quitártelos, o inesperados cambios en el mundo te obligarán a dar marcha atrás. Éstas no son circunstancias adversas, sino la vida tal cual es. No pierdas tiempo temiendo y deprimiéndote; no puedes darte el lujo de esperar.

Las personas más poderosas de la historia exhiben de una u otra forma esta actitud valiente ante la adversidad. Piensa en George Washington. Era un terrateniente rico, pero su actitud ante la vida se había forjado durante años de combatir por los ingleses en la guerra franco-británica, en el violento entorno de la frontera americana. En 1776 se le nombró comandante supremo del ejército revolucionario americano. A primera vista, ese puesto era más bien una maldición. Tal ejército era una turba semiorganizada. Carecía de instrucción, estaba mal remunerado y equipado y tenía una moral baja; la mayoría de los soldados no creían poder derrotar a los todopoderosos británicos.

En 1777 las fuerzas inglesas maniataron al débil ejército estadunidense desde Boston hasta Nueva York, y para fines de ese año Washington se había visto obligado a replegarse en Nueva Jersey. Éste fue el momento más aciago de su carrera, y de la guerra de independencia. Su ejército se reducía a apenas un millar de hombres, mal alimentados y peor vestidos durante uno de los inviernos más crudos de que se tenga memoria. El Congreso Continental, temiendo un desastre inminente, huyó de Filadelfia a Baltimore.

Al evaluar esta situación, un líder cauteloso habría resuelto esperar a que pasara el invierno, enrolar más soldados y confiar en un cambio de suerte. Pero Washington pensaba de otro modo. En su opinión, los británicos consideraban demasiado débil a su ejército para representar una amenaza. Siendo reducidas, sus fuerzas podían desplazarse sin conocimiento del enemigo y lanzar un ataque aún más sorpresivo por salir de la nada. Pasar a la ofensiva animaría a las tropas y produciría una publicidad positiva muy necesaria. Así, el comandante supremo decidió encabezar un asalto a la guarnición enemiga en Trenton, mismo que fue un gran éxito. Lo siguió con un ataque a las provisiones británicas en Princeton. Estas osadas victorias cautivaron al pueblo estadunidense. Washington recuperó su confianza como líder, y el ejército estadunidense como fuerza legítima.

Washington libró en adelante una guerra de guerrillas, agotando a los británicos con las grandes distancias que debían cubrir. Todo cambió: la falta de fondos y experiencia indujo una forma de combate más creativa. Lo reducido de las fuerzas rebeldes permitió a Washington atormentar al enemigo con maniobras fluidas en terreno accidentado. En ningún momento decidió esperar más tropas, más dinero o mejores circunstancias; se mantuvo al ataque con lo que tenía. Fue una campaña de valentía suprema, en la que todo lo negativo se convirtió en ventaja.

Esto es común en la historia: casi todos los grandes triunfos militares y políticos están precedidos por una crisis. Ello se debe a que una victoria sustancial sólo puede desprenderse de un momento de peligro y ataque. Sin ese momento, los líderes jamás se sienten desafiados, nunca demuestran lo que valen. Si el camino es demasiado liso, se vuelven arrogantes y cometen un error fatal. Los valientes necesitan una adversidad con la cual medirse. La tensión de esos momentos aciagos saca a relucir su creatividad y urgencia, lo que los pone a la altura de las circunstancias e inclina la balanza de la derrota a una victoria grandiosa.

Tú debes adoptar la actitud opuesta a como piensa y opera la mayoría. Cuando las cosas marchan bien es justo cuando debes preocuparte y estar atento. Sabes que eso no durará, y que nadie te va a tomar por sorpresa. Cuando marchan mal, debes ser animoso y valiente. Por fin tienes material para un cambio drástico, la oportunidad de demostrar tu valía. Únicamente el peligro y la dificultad pueden mejorarte. Por sólo aceptar ese momento como algo positivo y necesario, ya lo has convertido en oro.

Claves para la valentía

En el mundo entero, hay hombres que esperan, casi sin saber cómo lo hacen, y mucho menos que esperan en vano. Ocasionalmente, la llamada de alerta –el accidente que da "permiso" de actuar– llega demasiado tarde, cuando lo mejor de la juventud y de la fuerza para acometer se ha agotado ya en la inmovilidad; y al levantarse, muchos descubren para su horror que sus piernas duermen y su espíritu se ha vuelto en extremo pesado. "Ya es demasiado tarde", se dicen, habiendo perdido la fe en sí mismos, y eternamente inútiles en lo sucesivo.

–Friedrich Nietzsche

Nuestra mente posee facultades que ni siquiera hemos comenzado a aprovechar. Proceden de la combinación de altas dosis de concentración, energía e ingenio frente a los obstáculos. Cada uno de nosotros tiene la capacidad requerida para desarrollar esas facultades, pero antes tenemos que estar conscientes de su existencia. Sin embargo, esto es difícil en una cultura que enfatiza los recursos materiales –tecnología, dinero, contactos– como solución a todo. Ponemos límites innecesarios a lo que la mente puede lograr, y esto se vuelve nuestra realidad. Somete a examen nuestro concepto de la oportunidad y verás esto en su más clara luz.

Según la opinión prevaleciente, una oportunidad es algo que existe en el mundo; si nos sale al paso y la aprovechamos, nos brindará dinero y poder. Puede tratarse de un empleo a nuestra medida; de la posibilidad de crear una empresa o asociarnos ella. O de conocer a la persona indicada. En cualquier caso, todo depende de estar en el lugar preciso en el momento correcto y tener las habilidades adecuadas para aprovechar ese instante propicio. Por lo general creemos que las grandes oportunidades en la vida son pocas, y la mayoría esperamos a que crucen por nuestro camino.

Este concepto es de muy corto alcance. Nos hace depender de fuerzas externas. Se deriva de una actitud temerosa y pasiva ante la vida y, por tanto, contraproducente. Restringe nuestro pensamiento a un pequeño círculo de posibilidades. Lo cierto es que, para la mente humana, todo lo que se le presenta puede ser una herramienta de poder y desarrollo.

Muchos hemos tenido esta experiencia: estamos en una situación apremiante, difícil. Tal vez tenemos que terminar algo en un plazo muy corto, o alguien con cuya ayuda contábamos no aparece, o nos hallamos en un país extranjero y de repente debemos vérnoslas solos. En estas situaciones, la necesidad nos agobia. Tenemos que terminar el trabajo y resolver rápidamente los problemas, o sufriremos consecuencias inmediatas. Pero lo habitual es que nuestra mente se espabile. Encontramos la energía necesaria porque tenemos que hacerlo. Ponemos atención en detalles que normalmente se nos escapan porque podrían representar la diferencia entre éxito y fracaso, vida y muerte. Nuestro ingenio nos sorprende. En esos momentos vislumbramos esta potencial facultad mental nuestra, generalmente inexplotada. ¡Ojalá tuviéramos ese mismo brío y actitud en la vida diaria!

Esta actitud es lo que llamaremos "oportunismo". Los verdaderos *oportunistas* no requieren circunstancias apremiantes y agitadas para estar alerta y ser ingeniosos. Operan así todos los días. Canalizan su energía a la caza de posibilidades de desarrollo en los sucesos más banales e insignificantes. Todo es instrumento en sus manos; y con esta amplia noción de la oportunidad, la crean en su vida y obtienen un poder enorme.

Quizá el mayor oportunista de la historia sea Napoleón Bonaparte. Nada escapaba a su atención. Reparaba con intensidad suprema en todos los detalles, buscando la forma de convertir hasta los aspectos más triviales de la guerra —cómo avanzar y transportar suministros, cómo organizar las tropas en divisiones— en herramientas de poder. Explotaba sin piedad el menor error de sus adversarios. Era experto en transformar los peores momentos de la batalla en material para un contrataque devastador.

Esto se desprendía de su determinación de ver como oportunidad todo lo que le rodeaba. Por buscar oportunidades, daba con ellas. Eso se volvió una habilidad mental que él llevó a la altura del arte. Este poder está al alcance de todos y cada uno de nosotros si ponemos en práctica los cuatro siguientes principios de ese arte.

APROVECHA AL MÁXIMO LO QUE TIENES

En 1704, el marinero escocés Alexander Selkirk fue a dar a una isla desierta a seiscientos cincuenta kilómetros de la costa de Chile. Lo único que llevaba consigo era un rifle, un poco de pólvora, una navaja y algunas herramientas de carpintería. Al explorar el interior, sólo vio cabras, gatos, ratas y unos animales desconocidos que hacían extraños ruidos de noche. No había dónde refugiarse. Decidió permanecer en la playa, dormía en una cueva, comía los peces que atrapaba y poco a poco fue cediendo a una profunda depresión. Sabía que se quedaría sin pólvora, que su navaja se oxidaría y que su ropa se le pudriría. No podría sobrevivir sólo de pescado. No tenía provisiones suficientes para arreglárselas, y la soledad era aplastante. Si hubiera llevado más materiales de su barco...

La playa fue invadida de repente por leones marinos; estaban en su temporada de celo. Selkirk se vio obligado a adentrarse en la isla. Ahí no podría limitarse a arponear peces y sentarse a cavilar en una cueva. Pronto descubrió que ese denso bosque tenía todo lo que necesitaba. Construyó una choza de madera. Cultivó árboles frutales. Aprendió a cazar cabras. Domesticó docenas de gatos salvajes, que lo protegían de las ratas y le servían de muy necesaria compañía. Desarmó su rifle inservible para hacer herramientas. Recordando lo que había aprendido de su padre, que fue zapatero, confeccionó su propia ropa con pieles de animales. Fue como si volviera a la vida de súbito, y su depresión se esfumó. Al final se le rescató de la isla, pero esta experiencia cambió por completo su manera de pensar. Años después recordaría los momentos que pasó ahí como los más felices de su vida.

La mayoría somos como Selkirk cuando se halló solo: vemos nuestros recursos materiales y quisiéramos tener más. Pero disponemos de otra opción: comprender que no necesitamos más recursos de fuera y que debemos usar mejor los que ya tenemos. Podrían ser el material de investigación para un libro, o personas que trabajan en nuestra organización. Buscar más –información, gente de fuera que nos ayude– no necesariamente nos conducirá a algo mejor; de hecho, la espera y la dependencia nos vuelven menos creativos. Cuando nos ponemos a trabajar con lo que ya está ahí, encontramos nuevas formas de utilizarlo. Resolvemos problemas, desarrollamos habilidades que podemos emplear una y otra vez e incrementamos nuestra seguridad en nosotros mismos. Si nos volvemos ricos y dependientes del dinero y la tecnología, nuestra mente se atrofiará, y esa riqueza no durará.

CONVIERTE LOS OBSTÁCULOS EN OPORTUNIDADES

El gran boxeador Joe Louis se topó con el inmenso obstáculo del racismo de los años treinta. Jack Johnson lo había precedido como el boxeador negro más famoso. Johnson estaba óptimamente dotado y vencía con facilidad a sus contrincantes blancos, pero era muy irritable; enfrentar multitudes hostiles que coreaban "¡Mata al negro!" no hacía sino enardecerlo y enfurecerlo más. Siempre se metía en problemas, y el odio lo consumía en un instante.

Louis era igual de talentoso pero, a su juicio, no podía permitirse alardear ni mostrar irritabilidad en el cuadrilátero; esto incitaría al público blanco, y daría origen al estereotipo del boxeador negro fuera de control. Sin embargo, un púgil brilla por sus emociones, su espíritu de lucha, que usa para arrollar a su adversario. En vez de rebelarse contra esa situación o desistir, Louis decidió usarla a su favor. No mostraría emoción alguna en el ring. Tras noquear a alguien, regresaría tranquilamente a su esquina. Los rivales y el público intentarían provocarlo, pero él se resistiría. Pondría toda su enjundia y coraje en la forja de esa máscara fría y amedrentadora. Los racistas no pudieron mofarse de esto. Se le apodó entonces el Embalsamador, y bastaba ver su expresión ceñuda al subir al ring para que las piernas de sus contrarios empezaran a temblar. En esencia, convirtió ese obstáculo en su principal fortaleza.

Un oportunista ve todo estorbo en la vida como instrumento de poder. La razón es simple: la energía negativa que recibes en alguna forma, es energía que puede cambiar, para derrotar a un adversario y elevarte. En ausencia de esa energía, no hay nada contra qué reaccionar o empujar; te es más difícil motivarte. Los enemigos que te agreden se exponen a un contrataque cuyo momento y dinámica controlas. Si sufres de mala publicidad, concíbela como una variante de atención negativa que puedes replantear fácilmente conforme a tus propósitos. Podrías parecer arrepentido o rebelde, cualquier cosa que indigne a tus seguidores. Si haces caso omiso de esto, te verás culpable. Si lo niegas, parecerá que estás a la defensiva. Pero si lo aceptas y lo canalizas en tu dirección, lo volverás una oportunidad de atención positiva. En general, los obstáculos fuerzan a tu mente a concentrarse para ver cómo sortearlos. Agudizan tus facultades, y deberías recibirlos con gusto.

BUSCA MOMENTOS DECISIVOS

Hay oportunidades en todo campo de tensión: competencia enconada, ansiedad, situaciones caóticas. Algo importante sucede; y si eres capaz de determinar la causa de fondo, podrás generar una magnífica oportunidad.

Busca en el mundo de los negocios éxitos o fracasos repentinos que la gente no pueda explicarse. Suelen ser indicio de cambios que ocurren bajo la superficie; tal vez alguien dio por casualidad con un nuevo modelo de hacer las cosas, y debes analizarlo. Examina las principales ansiedades de los miembros de una empresa o industria. Profundos cambios en marcha suelen manifestarse en temor en quienes no saben cómo enfrentarlos. Tú podrías ser el primero en explotar esos cambios con fines positivos.

Está atento a todo cambio en gustos o valores. Gente en los medios o el *establishment* tenderá a clamar contra ellos, por considerarlos señales de decadencia moral y caos. La gente teme lo nuevo. Puedes hacer de esto una oportunidad siendo el primero en dar significado a ese desorden aparente, en reconocerlo como un valor positivo. No busques modas, sino cambios profundos en los gustos de la gente. Una oportunidad con la que siempre puedes contar es que la generación joven reaccionará contra las vacas sagradas de la adulta. Si ésta valoró la espontaneidad y el placer, ten la seguridad de que aquella ansiará orden y ortodoxia. Si atacas antes que nadie los valores de la generación adulta, recibirás mucha atención.

ACTÚA AUN SI NO ESTÁS PREPARADO

La mayoría espera demasiado para entrar en acción, generalmente por miedo. Quiere más dinero o mejores circunstancias. Tú sigue la dirección opuesta y actúa pese a que no te sientas preparado aún. Es como si te pusieras las cosas un poco más difíciles y colocaras obstáculos en tu camino en forma deliberada. Pero es una ley de poder que tu energía siempre estará en el nivel apropiado. Cuando crees que debes trabajar más para cumplir tu meta porque no estás del todo preparado, te vuelves más listo y creativo. Ese proyecto *tiene* que salir bien, y así será.

Tal ha sido la ruta de los poderosos desde la antigüedad a nuestros días. Cuando Julio César se vio frente a la decisión más importante de su vida —actuar contra Pompeyo e iniciar una guerra civil o esperar un mejor momento—, estaba en el río Rubicón, entre Galia e Italia, con mínimas fuerzas. Aunque a sus tenientes les pareció una locura, juzgó indicado el momento. Compensaría lo reducido de sus tropas con su alta moral y su propio ingenio estratégico. Cruzó el Rubicón, sorprendió al enemigo y nunca miró atrás.

Cuando Barack Obama contemplaba la posibilidad de contender por la presidencia de Estados Unidos, en 2006, casi todos le aconsejaron esperar. Era demasiado joven, demasiado desconocido. Hillary Clinton dominaba el escenario. Pero Obama ignoró esas opiniones y entró a la liza. Como tenía todo y a todos en su contra, tuvo que invertir más energía, una estrategia superior y mejor organización. Estuvo a la altura con una campaña magistral que convirtió todos sus defectos en virtudes: su inexperiencia representaba cambio, etcétera.

Recuerda que, como dijo Napoleón, la moral es a lo físico lo que el tres al uno, lo que significa que la motivación y energía que tu ejército o tú pongan en un encuentro pesan tres veces más que sus recursos físicos. Con energía y alta moral, un ser humano puede vencer casi cualquier obstáculo y sacar una oportunidad de la nada.

Cambio de perspectiva

En el uso moderno, "oportunista" suele ser un término despectivo en referencia a quienes están dispuestos a hacer cualquier cosa con tal de salir beneficiados. No conocen otro valor que la promoción de sus necesidades. No aportan nada a la sociedad. Pero esta interpretación del fenómeno es errónea, ya que se deriva de un elitismo añejo que querría que las oportunidades siguieran siendo privilegio de unos cuantos. A los inferiores que se atreven a promoverse por cualquier medio se les estima como maquiavélicos, mientras que quienes ya están arriba y practican esas mismas estrategias son simplemente hábiles e ingeniosos. Estos juicios son reflejo del miedo.

El oportunismo es, de hecho, un gran arte, estudiado y practicado en muchas culturas antiguas. El mayor héroe de la antigua Grecia, Odiseo, fue el oportunista supremo. En cada momento peligroso de su vida explotó alguna debilidad expuesta por sus enemigos para engañarlos e invertir la situación. Los griegos lo veneraron por dominar las tornadizas circunstancias de la vida. En su sistema de valores, los rígidos y dogmáticos, que no pueden adaptarse y pierden todas las oportunidades, eran quienes merecían su desdén; son los que inhiben el progreso.

El oportunismo lleva aparejado un sistema de creencias eminentemente positivo y eficaz, que los filósofos estoicos de la antigua Roma llamaron *amor fati*, o amor al destino. En esta filosofía, cada suceso se cree predestinado. Cuando te quejas y gruñes contra las circunstancias, rompes tu armonía con el estado natural de las cosas; quisieras que todo cambiara. Debes aceptar, en cambio, que todo ocurre por una razón, y de que está en tu poder ver esa razón como positiva. Marco Aurelio comparó esto con un incendio que consume todo a su paso; las circunstancias son consumidas por tu fuego mental y convertidas en oportunidades. El hombre o la mujer que cree esto no puede ser lastimado por nada ni nadie.

> Es incontestable que los príncipes son grandes cuando superan las dificultades y resistencias que se les oponen. Pues bien, la fortuna, cuando ella quiere elevar a un príncipe nuevo [...] le suscita enemigos y le inclina a varias empresas contra ellos a fin de que él tenga ocasión de triunfar, y con la escala que se le trae, en cierto modo, por ellos, suba más arriba. Por esto piensan muchas gentes que un príncipe sabio debe, siempre que le es posible, proporcionarse con arte algún enemigo a fin de que atacándolo y reprimiéndole resulte un aumento de grandeza para él mismo.
>
> —Nicolás Maquiavelo

CAPÍTULO 4

Sigue adelante:
Impulso calculado

Hoy el cambio es tan constante que
no podemos dominarlo. Si intentas
microcontrolarlo todo, a la larga perderás más control. La solución es sol-
tarte y avanzar con el caos que te sale
al paso; en él hallarás múltiples oportunidades que escapan a la mayoría.
No permitas que los demás te atra-
pen; sigue tu camino y ajusta tu apariencia al entorno. Si topas con paredes o límites, escúrrete por ellos. No
dejes que nada perturbe tu curso.

El curso del traficante

Los viejos músicos se estancan y se vuelven piezas de museo bajo un cristal, seguros, fáciles de entender, tocando una y otra vez el mismo sonsonete de siempre [...] El bebop fue cambio, evolución. No inmovilidad y seguridad. El que no quiera dejar de crear debe cambiar.

—Miles Davis

Cuando Curtis Jackson se inició como traficante, a fines de los años ochenta, entró a un mundo caótico. El crack había causado furor en las calles y puesto todo de cabeza. Los conectes de barrio estaban desatados. Al ir siempre donde hubiera dinero, esta nueva clase de traficantes tenía que lidiar con cientos de rivales intrigantes, los imprevisibles adictos, los líderes de bandas de la vieja guardia deseosos de recuperar bruscamente el control del negocio y la policía que pululaba en el área. Era como el antiguo Oeste: sálvese quien pueda, y que imponga sus reglas quienquiera.

Algunos no aguantaron. Querían estructura, alguien que les dijera a qué hora levantarse e irse a trabajar. No duraron mucho en este nuevo orden. Otros prosperaron en medio de esa anarquía y libertad. Curtis fue uno de ellos.

Pero un día todo cambió. El Padrino, un gangster de la vieja guardia, decidió controlar el tráfico de drogas en Southside Queens, y lo logró. Puso a Jermaine, su hijo, en el barrio de Curtis, e hizo valer pronto su ley; su familia estaba ahí para poner el negocio en orden. Él vendería cápsulas de tapa púrpura a bajo precio. Ése sería el único producto: sus cápsulas o nada. Nadie podría competir con sus precios, y el conecte que lo retara sería sometido a fuerza de intimidaciones. Todos trabajarían para él.

A Curtis eso le pareció difícil de aceptar. No le gustaba la autoridad. Varias veces intentó eludir el estricto control de Jermaine en el área vendiendo su mercancía a escondidas, pero él y sus agentes lo atraparon siempre. Al final le dieron una buena paliza y Curtis creyó prudente darse por vencido... por el momento.

A Jermaine le agradó el espíritu independiente de Curtis y lo tomó bajo su cuidado, instruyéndolo sobre lo que tramaba. Jermaine había estudiado administración y economía durante una breve estancia en la cárcel. Quería dirigir el negocio del crack conforme a un modelo inspirado en algunas de las corporaciones más exitosas de Estados Unidos. Aspiraba a controlar el tráfico local mediante precios bajos y un monopolio absoluto; así habían evolucionado todas las empresas de éxito, aun las más recientes, como Microsoft. Aborrecía el desorden de la calle; era nocivo para los negocios, y lo ponía intranquilo.

Un día pasó en su Ferrari rojo e invitó a Curtis a dar una vuelta. Lo llevó cerca, a Baisley Projects, entonces bajo control de los Pharaohs, banda involucrada en el tráfico de crack y famosa por sus métodos violentos. Curtis, cada vez más incómodo, vio a Jermaine explicar a los líderes de ese grupo sus planes para el barrio. No permitiría que bandas y agentes libres operaran en los márgenes de su imperio; también los Pharaohs tendrían que entrar al aro, aunque él buscaría la manera de beneficiarlos.

Su arrogancia aumentaba día a día. Quizá seguiría esa visita con un acto violento para demostrar a los Pharaohs que hablaba en serio, pero Curtis tuvo un mal presentimiento. En los días siguientes hizo todo lo posible por evitar a Jermaine. Y en efecto, una semana después éste fue liquidado de un disparo en la cabeza en un callejón del barrio. Todos sabían quién lo había hecho y por qué.

En los meses posteriores, Curtis pensó largo y tendido en lo que había pasado. Una parte de él se identificaba con Jermaine. También él tenía grandes ambiciones y quería forjar un imperio en el barrio. Pero con tanta competencia en las calles, eso no sería tarea fácil. Era natural entonces que alguien como Jermaine hubiera decidido que el único medio para formar ese imperio eran la fuerza y la creación de un monopolio. Pero era inútil. Aun si Jermaine hubiera vivido más tiempo, muchos de los que operaban en los márgenes habrían resentido el golpe, y habrían hecho todo lo posible por sabotearlo. Los adictos se habrían cansado de su producto único; les gustaba la variedad, así fuera sólo en el color de las cápsulas. La policía habría tomado nota de su gran operación, e intentado acabar con ella. Jermaine había vivido en el pasado, en ideas concebidas en prisión en los años setenta, la gran época de los capos del narcotráfico. El tiempo no había pasado para él; y conforme a la insensible dinámica del barrio, pagó ese error con su vida.

Para manejar el caos hacía falta una nueva serie de habilidades, una mentalidad distinta. Y Curtis sería el traficante que desarrollaría esas habilidades al máximo. Con ese fin abandonó todo deseo de dominar un área con una operación grande. En cambio, empezó a experimentar con cuatro o cinco estratagemas al mismo tiempo; inevitablemente, una de ellas surtiría efecto y saldaría las demás. Se cercioró de disponer siempre de opciones, de margen de maniobra en caso de que apareciera la policía y cortara una de sus rutas de acceso. Interactuaba con los adictos, para sondear cambios en sus gustos y maneras de atraerlos con un nuevo plan de mercadotecnia. Permitía que quienes trabajaban para él lo hicieran cuando quisieran, siempre y cuando ofrecieran resultados; deseaba la menor fricción posible. Nunca se atenía mucho tiempo a un proyecto, un socio o una manera de hacer las cosas. Seguía adelante.

El caos de las calles formaba parte de su curso, era algo que había aprendido a explotar trabajando desde dentro. Operando de esta forma, acumuló poco a poco un imperio que aventajó quizá al que Jermaine perseguía.

En 2003, Curtis (ahora conocido como 50 Cent) se vio inmerso de pronto en el mundo corporativo estadunidense, trabajando en Interscope Records y tratando con un creciente número de empresas interesadas en aliarse con él. Oriundo de la calle, sin conocimientos formales de administración, es lógico que ese nuevo ambiente lo haya intimidado. Pero meses después ya veía las cosas de otra manera; las habilidades que había desarrollado en el barrio eran más que suficientes.

En los ejecutivos que trataba percibió algo muy inquietante: operaban sobre convenciones que parecían tener poco que ver con los increíbles cambios en marcha en la esfera de los negocios. La industria discográfica, por ejemplo, sufría mortíferos embates de la piratería digital, pero los ejecutivos sólo pensaban en cómo mantener su monopolio sobre la propiedad y la distribución; eran incapaces de adaptarse al cambio. Interactuaban entre sí, no con su base de clientes, de modo que sus ideas jamás evolucionaban. Vivían en el pasado, en el que todos los modelos de negocios habían sido simples y el control fácil de conseguir. Tenían justo la misma mentalidad que Jermaine y, en opinión de Fifty, algún día también tendrían el mismo destino.

Fifty se atuvo a sus estrategias callejeras: optó por posiciones flexibles y margen de maniobra. Esto significó diversificar sus actividades, participando en proyectos nada habituales en un rapero: Vitamin Water, una línea de libros, una alianza con General Motors y Pontiac. Estas sociedades parecían desordenadas y fortuitas, pero todo tenía que ver con la imponente imagen que Fifty seguía formando para sí. Trabajaba en cinco tentativas al mismo tiempo; si un proyecto fallaba, aprendía de sus errores y seguía adelante. El mundo empresarial era como un laboratorio en el que él experimentaba y hacía constantes descubrimientos. Convivía con sus empleados, de todos los niveles, y con su público, al que permitía alterar sus ideas. El eje de esta estrategia fluida era internet, un espacio caótico con infinidad de oportunidades para un traficante como él.

Sin saber con exactitud adónde iba, empezó a armar su página en internet. Ésta fue al principio un espacio para exhibir nuevos videos y obtener retroalimentación del público. Pero pronto se transformó en una red social, que unió a sus fans del mundo entero. Esto dio a Fifty un margen ilimitado para comercializar su marca y rastrear los cambios de ánimo de su público. Su página siguió evolucionando, como un ser vivo; él no restringió ningún cambio.

Años más tarde, habiendo rebasado la música y llegado a los campos más diversos posibles, Fifty volvería la mirada para ver a todos a los que había dejado atrás: los ejecutivos discográficos, otros raperos y los empresarios perdidos entre las rápidas fluctuaciones de principios de siglo, una galería entera de Jermaines que no fluyeron. Fueran los que fueran los cambios por venir, él seguiría prosperando en ese nuevo salvaje Oeste, como lo había hecho en las calles.

La actitud del valiente

Yo inventé a 50 Cent. Pronto llegará el momento de destruirlo y transformarlo.

—50 Cent

De niños nos rodeaban muchas cosas desconocidas e impredecibles: personas que actuaban de modo absurdo, hechos difíciles de explicar. Esto nos causaba enorme ansiedad. Queríamos conocer mejor el mundo que nos rodeaba. Lo no tan predecible se asociaba en nuestra mente con la oscuridad y el caos, a los que temíamos. Por miedo nació en nosotros el deseo de poseer más dominio sobre las personas y los hechos que escapaban a nuestro control. Pero sólo sabíamos cumplir ese deseo agarrando y sujetando, empujando y jalando, ejerciendo nuestra voluntad en la forma más directa posible para que los demás hicieran lo que queríamos. A la vuelta de los años esto pudo convertirse en un patrón de por vida, más sutil por ser ya adultos, pero infantil en el fondo.

Todos los individuos con quienes nos cruzamos en la vida son únicos, con energía, deseos e historia propios. Pero queriendo más control sobre la gente, nuestro primer impulso suele ser tratar que se ajuste a nuestro ánimo e ideas, que se comporte en formas conocidas y agradables para nosotros. Cada circunstancia de la vida es diferente, pero esto incita el antiguo temor al caos y lo desconocido. Físicamente no podemos hacer que los sucesos sean más predecibles, pero en nuestro interior podemos crear una sensación de mayor control aferrándonos a ideas y creencias que nos hagan sentir cohesión y orden.

Esta ansia de control, común en todos, es la raíz de muchísimos problemas. Mantener las mismas ideas y maneras de hacer las cosas nos dificulta enormemente adaptarnos a los inevitables cambios de la vida. Si intentamos dominar una situación con una acción agresiva, ésta se vuelve nuestra única opción. No podemos ceder, adaptarnos o esperar un momento más oportuno; eso significaría dejar de controlar, y lo tememos. Tener pocas opciones complica la resolución de problemas. Obligar a los demás a hacer lo que queremos les incomoda; infaltablemente nos sabotearán o harán valer su voluntad contra la nuestra. Vemos así que el deseo de microcontrolar el mundo que nos rodea tiene un efecto paradójico: entre más tratamos de controlar las cosas en nuestro entorno inmediato, más probabilidades hay de que a la larga perdamos control.

La mayoría tiende a creer que esas formas de control directo son poder, algo que exhibe fuerza, coherencia o carácter. Pero lo cierto es lo contrario. Esas formas de poder son endebles e infantiles, producto de un hondo temor al cambio y al caos. Antes de que sea demasiado tarde, adopta un concepto más sofisticado y audaz del poder, que enfatice la fluidez.

La vida posee un paso y ritmo particular, un torrente incesante de cambios que puede avanzar rápido o despacio. Cuando intentas detener mental o físicamente ese flujo aferrándote a cosas o personas, te rezagas. Tus actos se vuelven torpes, porque no están en sintonía con las circunstancias presentes. Es como nadar contra la corriente en vez de emplearla para impulsarte.

El primero y más importante paso es librarte de la necesidad de controlar en forma tan directa. Esto significa no ver el cambio y los momentos caóticos de la vida como algo por temer, sino como fuente de estímulo y oportunidades. En una situación social en que necesitas aptitud para influir en los demás, tu primer paso debe ser reconocer la energía de cada quien. Ve lo que llevan consigo y adáptate a eso, y después busca el modo de orientar esa energía hacia ti. Deshazte de la antigua manera de hacer las cosas y adapta tus estrategias al presente, siempre fluido.

Con frecuencia lo que parece caos es sólo una serie de hechos nuevos y difíciles de entender. Pero nunca podrás dar sentido a ese desorden aparente si reaccionas con miedo, tratando que todo se ajuste a patrones que sólo existen en tu mente. Al asimilar más momentos caóticos con espíritu abierto, podrás vislumbrar un patrón, la razón de que sucedan y la manera en que puedes explotarlos.

Como parte de este nuevo concepto, reemplaza los antiguos símbolos inquebrantables del poder —la roca, el roble, etcétera— por el del agua, el elemento con mayor potencial de fuerza en la naturaleza. El agua puede adaptarse a todo lo que le sale al paso, rodeando o saltando cualquier obstáculo. Desgasta las rocas a lo largo del tiempo. Esta forma de poder no significa ceder simplemente a lo que la vida te ofrece e ir a la deriva. Significa canalizar en tu dirección el curso de los acontecimientos, para que aumente la fuerza de tus actos y te impulse.

En lugares como el barrio, el concepto de fluidez está más desarrollado que en cualquier otra parte. En ese medio hay obstáculos por doquier. Quienes viven en él no pueden ir y ganarse satisfactoriamente la vida fuera de sus confines. Si intentan controlar demasiadas cosas y se vuelven agresivos, complican y acortan su vida. La violencia que inician no hace sino regresar a ellos con igual fuerza.

Con tantas limitaciones físicas, los traficantes han aprendido a desarrollar libertad mental. No pueden permitir que su mente se trastorne por todos esos estorbos. Deben seguir pensando: crear nuevos proyectos, nuevas tentativas, nuevas direcciones en la música y la ropa. Por eso las tendencias cambian tan rápido en el barrio, a menudo el motor de nuevos estilos en la cultura en general. En cuanto a la gente, los conectes tienen que adaptarse a sus peculiaridades, poniéndose la máscara apropiada para cada situación, desviando sus sospechas. (Son camaleones consumados.) Si son capaces de sostener esta fluidez mental y social, pueden sentir un grado de libertad que excede todos los límites físicos del barrio.

Tú también enfrentas un mundo lleno de obstáculos y limitaciones, un nuevo entorno donde la competencia es más global, complicada e intensa que antes. Como los conectes, busca tu libertad en la fluidez de tus pensamientos y tu constante inventiva. Esto quiere decir más disposición a experimentar, a intentar varios proyectos sin temor a fracasar aquí o allá. También significa buscar sin cesar el desarrollo de nuevos estilos, nuevas direcciones por seguir, para liberarte de la inercia que llega con la edad. En un mundo lleno de personas demasiado convencionales en su manera de pensar, que respetan demasiado el pasado, esa fluidez se traducirá inevitablemente en poder y más margen de maniobra.

Todos los valientes de la historia revelan gran capacidad para manejar el caos y usarlo en su beneficio. No hay mejor ejemplo de esto que Mao Zedong. China era, en los años veinte, un país al borde del cambio radical. El orden imperial que la sofocó durante siglos se había disuelto al fin. Pero temiendo el desorden que podía desencadenarse en un país tan vasto, los dos partidos que se disputaban el control –nacionalista y comunista– optaron por tratar de contener lo mejor posible la situación.

Los nacionalistas ofrecían el antiguo orden imperial con nuevo rostro. Los comunistas decidieron imponer en China el modelo de Lenin: emprender una revolución proletaria centrada en áreas urbanas, controlar ciudades clave y exigir a sus seguidores una adhesión estricta al dogma del partido. Esto había dado resultado en la Unión Soviética, generando orden en poco tiempo, pero no tuvo relevancia alguna en China; a fines de esa década esta estrategia fracasaba de modo lamentable. Al borde de la aniquilación, los comunistas recurrieron a Mao, quien tenía un concepto totalmente distinto de qué hacer.

Mao había crecido en un pueblo, entre la inmensa población campesina del país. Como parte de su educación se había sumergido en el antiguo sistema de creencias del taoísmo, que veía el cambio como la esencia de la naturaleza y el ajuste a él como fuente de todo poder. Según el taoísmo, a fin de cuentas se es más fuerte si se tiene una blandura que permite plegarse y adaptarse. Mao no temía al gran tamaño y población de China. El caos que esto podía representar sería sencillamente parte de su estrategia. Su idea era conseguir la ayuda del campesinado, para que los soldados comunistas pudieran esparcirse por el campo como peces en el agua.

Mao no atacaría centros urbanos ni intentaría ocupar un sitio específico del país. En cambio movería al ejército en todas direcciones, como una fuerza vaporosa que atacaría para desaparecer después, sin que el enemigo supiera nunca de dónde había salido o qué se proponía. Esta fuerza guerrillera se mantendría en movimiento constante, para no dar respiro al enemigo, sino una sensación de caos.

Los nacionalistas representaban la corriente de guerra opuesta, convencional hasta la médula. Cuando por fin Mao soltó contra ellos su nuevo estilo bélico, no pudieron adaptarse. Permanecieron en posiciones clave mientras los comunistas los rodeaban en los vastos espacios chinos. El control de los nacionalistas se redujo al punto de unas cuantas ciudades, y pronto se desmoronó por completo, en uno de los reveses más rápidos en la historia militar.

Entiende: no sólo debe fluir lo que haces, sino también cómo lo haces. Tus estrategias, tus métodos para atacar los problemas deben adaptarse continuamente a las circunstancias. La estrategia es la esencia de la acción humana, el puente entre una idea y su realización. Con demasiada frecuencia las estrategias se congelan en convenciones, pues la gente imita en forma ciega lo que ya ha dado resultado. Manteniendo tus estrategias a tono con el momento puedes ser un agente de cambio, quien quebrante esas caducas maneras de actuar, y conseguir entre tanto un poder formidable. La mayoría de la gente es rígida y predecible; eso la vuelve blanco fácil. Tus estrategias impredecibles y fluidas la enloquecerán. No podrá prever tu siguiente paso ni comprenderte. Por lo general esto bastará para suavizarla o despedazarla.

Claves para la valentía

Por esto, cuando he conseguido una victoria, no vuelvo a emplear la misma táctica otra vez, sino que, respondiendo a las circunstancias, varío mis métodos hasta el infinito [...] Es como el agua, que se amolda a los accidentes del terreno.

—Sun Tzu

En algún momento de nuestra vida, todos hemos experimentado una sensación de impulso. Tal vez hacemos algo que toca una fibra sensible y obtenemos reconocimiento por eso. Esta atención positiva nos llena de una inusual seguridad en nosotros mismos, lo que a su vez nos vuelve atractivos para los demás. Rebosantes de fe en nosotros, realizamos otra buena acción. Y aun si no es del todo perfecta, para entonces la gente tenderá a pasar por alto los remiendos. Nos cubre el aura del éxito. Muchas veces una cosa buena parece seguir a otra.

Esto continuará hasta que inevitablemente perturbamos el curso. Tal vez nos excedemos en un acto que rompe el encanto, o repetimos lo mismo y la gente se cansa de nosotros y busca a otro. El impulso opuesto puede aquejarnos entonces con igual celeridad. Nuestras inseguridades empiezan a interponerse en el camino; las pequeñas imperfecciones que antes la gente ignoraba ahora parecen obvias. Iniciamos una racha de mala suerte, y la depresión nos inmoviliza cada vez más.

En cualquier extremo del espectro reconocemos el fenómeno, pero lo tratamos como algo místico, más allá del control consciente y una explicación. Sin embargo, no es tan misterioso como creemos. En medio de toda racha de ímpetu solemos sentirnos más abiertos; nos dejamos llevar. La seguridad que tenemos cuando las cosas marchan bien provoca que la gente nos abra paso o se nos una, lo que da fuerza adicional a nuestros actos. A veces una sensación de urgencia —tenemos que terminar algo— nos orilla a actuar en forma especialmente enérgica, lo que da origen a una buena racha. Esto se acompaña a menudo de la impresión de que tenemos poco que perder si intentamos algo intrépido. Tal vez sintiéndonos un poco desesperados nos soltaremos y experimentaremos.

Lo que vincula a todo esto es que algo se abre en nosotros y nos permitimos mayor variedad de movimientos. Nuestro estilo se hace más libre y audaz, y nos movemos con la corriente. Cuando, por otra parte, termina una buena racha, suele deberse a algo que hicimos, una especie de autosabotaje inconsciente. Reaccionamos contra nuestra soltura por temor adónde podría llevarnos. Nos volvemos conservadores y el flujo de energía se detiene, retornando poco a poco al estancamiento y la depresión. En muchos sentidos, nosotros controlamos este fenómeno, aunque no en un nivel suficientemente consciente.

Comprende: el empuje en la vida procede de la mayor fluidez, la voluntad de probar más cosas, actuar con menos limitaciones. En muchos niveles, esto sigue siendo difícil de expresar en palabras; pero entendiendo el proceso, tomando conciencia de los elementos implicados, puedes presdisponer favorablemente tu pensamiento a la explotación de todo giro positivo en tu vida. Llamemos a esto impulso calculado. Practica y domina con ese fin los siguientes cuatro tipos de fluidez.

FLUIDEZ MENTAL

Cuando Leonardo da Vinci era joven (a mediados del siglo xv), el conocimiento se había inmovilizado en compartimientos rígidos. En un sector estaban la filosofía y la escolástica; en otro, las artes, entonces consideradas casi simples oficios y, en otro más, la ciencia, aún no muy empírica. En los márgenes se hallaban todas las formas del conocimiento secreto: las artes ocultas.

Da Vinci era hijo ilegítimo de un notario, y a causa de esta turbia posición social se le negó la educación formal acostumbrada, lo que acabó siendo para bien. Su mente se vio libre de todos los prejuicios y rígidas categorías de pensamiento que privaban en ese periodo. Fue aprendiz en el estudio del gran artista Verrocchio. Y una vez que empezó a adquirir ahí el oficio de dibujante y pintor, se puso en marcha un proceso que lo llevó a formar una de la mentes más originales en la historia de la humanidad.

El conocimiento en un campo despertaba sencillamente en Da Vinci un ansia insaciable de aprender más en un campo afín. El estudio de la pintura lo condujo al del diseño en general, lo que lo llevó a interesarse en la arquitectura, de donde pasó al estudio de la ingeniería, la factura de maquinaria bélica y la estrategia, la observación de los animales y la mecánica del movimiento aplicable a la tecnología, el estudio de las aves y la aerodinámica, la anatomía animal y humana, la relación entre las emociones y la fisiología, etcétera. Este increíble torrente de ideas se extendió incluso a áreas del ocultismo. La mente de Da Vinci no conocía límites; buscaba las relaciones entre todos los fenómenos naturales. En este sentido se adelantó a su época, y fue el primer renacentista. Sus descubrimientos en varios campos seguían un impulso: la intensidad de uno llevaba a otro. Muchos no lo entendieron, y lo creían excéntrico, y aun errático. Pero grandes mecenas como el rey Francisco I de Francia, e incluso César Borgia, reconocieron su genio y trataron de explotarlo.

Hoy hemos vuelto a un punto similar a la época prerenacentista. El conocimiento se ha inmovilizado de nuevo en categorías rígidas, y los intelectuales se aíslan en guetos. A las personas inteligentes se les considera serias debido a que se encierran en un campo de estudio en el que su visión es cada vez más miope. A quien cruza esas inflexibles demarcaciones inevitablemente se le considera diletante. Al terminar la universidad, a todos se nos alienta a especializarnos, aprender bien una cosa y ceñirnos a ella. Acabamos asfixiándonos en la estrechez de nuestros intereses. Con todas esas restricciones, el conocimiento no fluye. Pero la vida no tiene esas categorías; son meras convenciones que obedecemos ciegamente.

Da Vinci sigue siendo el icono e inspiración de una nueva forma de conocimiento. En ella lo que importa son las relaciones entre las cosas, no lo que las separa. La mente tiene un impulso propio; cuando se anima y descubre algo nuevo, tiende a encontrar otros temas por estudiar e iluminar. Todas las grandes innovaciones de la historia provienen de un apertura al descubrimiento, de una idea que conduce a otra, a veces procedentes de campos sin relación entre sí. Tú debes desarrollar este espíritu y la misma ansia insaciable de conocimiento. Esto resultará de ampliar tus campos de estudio y observación, dejándote llevar por lo que descubres. Verás que das con ideas inesperadas, las cuales te llevarán a nuevas prácticas u oportunidades novedosas. Si tu ramo se agota, habrás desarrollado tu mente en otras direcciones que podrás explotar entonces. Tener esta fluidez mental te permitirá salvar cualquier obstáculo y conservar impulso en tu carrera.

FLUIDEZ EMOCIONAL

Somos emotivos por naturaleza. Es nuestro modo primordial de reaccionar a los hechos; sólo más tarde podemos reparar en que esas respuestas emocionales podrían ser destructivas y deben refrenarse. No puedes reprimir esta parte de tu naturaleza, ni debes intentarlo. Es como un alud que te agobiará más todavía si pretendes contenerlo. Lo que debes hacer con las emociones incontables que te asaltan a diario es dejar que se te resbalen, jamás aferrarte mucho tiempo a una. Puedes librarte de todo sentimiento obsesivo. Si alguien dice algo que te incomoda, busca la manera de que esa sensación se te pase pronto, disculpando lo que tal persona dijo, restándole importancia u olvidándolo.

El olvido es una habilidad que debes desarrollar para poder tener fluidez emocional. Si de momento no puedes evitar enojarte o indignarte, empéñate en no permitir que esa sensación persista al día siguiente. Cuando te apegas a emociones así, es como si te pusieras anteojeras. En ese instante sólo ves y sientes lo que la emoción te dicta, y pierdes contacto con la realidad. Tu mente se empantana en sensaciones de fracaso, desilusión y desconfianza, lo que te da la torpeza de quien desentona con el momento. Sin darte cuenta, todas tus estrategias se contagian de esas emociones, lo que te desvía de tu curso.

Para combatir esto, aprende el arte del contrapeso. Cuando tengas miedo, oblígate a actuar con más audacia que de costumbre. Cuando sientas odio desmedido, busca un objeto de amor o admiración en el que puedas concentrarte intensamente. Una emoción fuerte tiende a cancelar otra y ayudarte a que se te pase.

Podría parecer que una profunda sensación de amor, odio o ira puede servir para impulsarte en un proyecto, pero esto es ilusorio. Esas emociones te dan un arranque de energía que se agota rápidamente, y que te deja tan deprimido como te exaltó en un principio. Más que eso, necesitas una vida emocional equilibrada, con menos altibajos. Esto no sólo te ayudará a seguir en marcha y vencer obstáculos insignificantes, sino que también afectará las percepciones de los demás sobre ti. Terminarán por verte como alguien que no pierde la calma bajo presión, con pulso firme, y te juzgarán líder. Preservar esta firmeza mantendrá en curso ese flujo positivo.

FLUIDEZ SOCIAL

Trabajar con personas en cualquier nivel puede ser complicado. Llevan a un proyecto sus diferencias y energía, así como sus intereses propios. La tendencia natural de un líder es apisonar esas diferencias y retener a todos en la misma página. Esto parece lo más indicado, pero lo cierto es que se deriva del temor infantil a lo impredecible. Y al final resulta contraproducente, pues quienes trabajan para ti invierten cada vez menos energía en la tarea. Tras un arranque entusiasta de tu plan, el descontento de tus colaboradores puede sofocar rápidamente el impulso que hayas desarrollado.

Al inicio de su carrera, el gran director sueco Ingmar Bergman empleaba un método tiránico con sus actores, pero, insatisfecho de los resultados, decidió experimentar con algo distinto. Bosquejaba el guión de una película, dejando los diálogos casi indefinidos. Luego invitaba a sus actores a añadir su energía y experiencias a la mezcla, y daba forma al diálogo según sus reacciones emocionales. Esto hacía que el guión cobrara vida desde dentro, y a veces implicaba reescribir partes de la trama. Al trabajar con los actores en este nivel, Bergman los hacía entrar en ambiente, reflejando su energía como medio para lograr que se relajaran y abrieran. Permitió esto cada vez más conforme su carrera evolucionaba, y los resultados fueron sorprendentes.

Los actores llegaron a apreciar este procedimiento, pues los hacía sentirse más involucrados y comprometidos; deseaban trabajar con Bergman, y transferían ese entusiasmo a su actuación, cada una mejor que la anterior. Las películas de Bergman tenían un aire mucho más verosímil y atractivo que las estructuradas en torno a un guión rígido. Su obra adquirió creciente popularidad a medida que él progresaba en este proceso de colaboración.

Éste debería ser tu modelo en todo proyecto que implique a grupos. Brinda el marco, con base en tu pericia y conocimiento, pero ofrece margen para que el plan sea definido por quienes participan en él. Se sentirán así más motivados y creativos, lo que dará al proyecto mayor fuerza y fluidez. Pero no llegues demasiado lejos: fija el tono y la dirección general. Libérate simplemente de la medrosa necesidad de obligar a los demás a hacer lo que tú quieres. A la larga verás que tu capacidad para guiar con tacto la energía de la gente en tu dirección te concede una gama de control más amplia sobre la forma y resultados de un proyecto.

FLUIDEZ CULTURAL

En la década de 1940, el gran saxofonista Charlie Parker revolucionó el mundo del jazz al inventar el estilo conocido como bebop. Pero pronto lo vio convertirse en la regla convencional, y años después él había dejado de ser la figura revolucionaria que los aficionados veneraban. Artistas más jóvenes habían llevado su invento a otros niveles. Esto le afectó mucho y lo sumió en una espiral descendente, muriendo a temprana edad.

El trompetista Miles Davis formaba parte del conjunto de Parker, y presenció su decadencia. Davis entendió el quid de la cuestión: el jazz es una forma musical increíblemente fluida, que sufre grandes cambios en periodos cortos. Y como en Estados Unidos no se honraba ni atendía a los músicos negros, aquellos que se veían rebasados por una nueva tendencia tenían que sufrir un destino terrible, como Parker. Davis juró vencer esta dinámica. Su solución fue no establecerse nunca en un estilo. Cada cuatro años, más o menos, reinventaba radicalmente su música. El público tenía que seguir el paso a esos cambios, y en su mayoría lo hacía.

Esto fue en poco tiempo una profecía que se cumpía sola, pues se creía que Davis estaba inmiscuido en toda tendencia reciente, y su nueva música se estudiaba y emulaba. Como parte de esta estrategia, él contrataba siempre para su conjunto a los ejecutantes más jóvenes, para aprovechar la creatividad propia de la juventud. Desarrolló así un firme impulso, que lo libró del declive usual en la carrera de un jazzista. Mantuvo su inventiva durante más de treinta años, algo inaudito en este género.

Entiende: existes en un momento cultural particular, con su propia fluidez y estilo. De joven eres más sensible a esas fluctuaciones del gusto, y por lo común marchas con el presente. Pero ya mayor tiendes a encerrarte en un estilo caduco, que asocias con la emoción de tu juventud. Al paso del tiempo, apegarte a tu estilo puede resultar ridículo; parecerás pieza de museo. Tu empuje cesará, pues la gente terminará por catalogarte en un periodo muy estrecho.

Busca la manera de reinventarte con periodicidad. No imites la última tendencia; eso te haría parecer igualmente rídículo. Redescubre sencillamente tu atención juvenil a lo que sucede a tu alrededor e incorpora lo que te gusta a un nuevo espíritu. Disfruta de moldear tu personalidad, ponerte una nueva máscara. Lo único a lo que debes temer es a ser una reliquia social y cultural.

Cambio de perspectiva

En la cultura occidental tendemos a asociar la fuerza de carácter con la coherencia. Se cree que quienes cambian demasiado de ideas e imagen no son de fiar, e incluso se les juzga demoniacos. Honramos a quienes son fieles al pasado y a ciertos valores eternos. Al contrario, a quienes rechazan y cambian las convenciones prevalecientes se les considera destructivos, al menos en vida.

El gran escritor florentino Nicolás Maquiavelo veía los valores de la coherencia y el orden como producto de una cultura medrosa, y como algo por cambiar. En su opinión, nuestra naturaleza fija, nuestra tendencia a aferrarnos a una línea de acción o pensamiento, eso es justo la fuente de la desgracia e incompetencia humanas. Un líder puede llegar al poder por medios audaces; pero cuando los tiempos cambian y exigen una actitud más cauta, tenderá a mantener su método intrépido. No es lo bastante fuerte para adaptarse; está preso en su naturaleza permante. Lo que lo elevó sobre los demás se convierte entonces en fuente de su ruina.

Para Maquiavelo, los poderosos de verdad son quienes pueden moldear su carácter, invocar las cualidades requeridas por el momento y plegarse a las circunstancias. Quienes permanecen fieles a una idea o valor sin examinarse a sí mismos suelen resultar los peores tiranos. Hacen que otros se ajusten a conceptos caducos. Son fuerzas negativas, que impiden el cambio necesario para que toda cultura evolucione y prospere.

Así es como tú debes operar: empéñate activamente en vencer esa naturaleza fija, prueba de modo deliberado un método y estilo distintos a los que acostumbras, para tener idea de una posibilidad diferente. Acabarás por ver con desconfianza los periodos de estabilidad y orden. Algo no marcha en tu vida y en tu mente. Por el contrario, los momentos de cambio y caos aparente son los que te enriquecen: hacen que tu mente y espíritu cobren vida de pronto. Si llegas a este punto, tendrás mucho poder. No hay nada que temer de los momentos de transición. Dales la bienvenida, e incluso indúcelos. Teme más bien a sentirte sujeto y establecido.

A la gente le agrada estabilizarse. Pero sólo en la medida en que se desestabiliza sigue habiendo esperanza para ella.

—Ralph Waldo Emerson

CAPÍTULO 5

Distingue cuándo ser malo: Agresividad

Siempre te verás entre personas agresivas (y agresivas pasivas) que intentan perjudicarte de alguna manera. Vence todo temor a enfrentar a la gente o te será muy difícil imponerte sobre los astutos y los implacables. Antes de que sea demasiado tarde, domina el arte de distinguir cuándo y cómo ser malo, sirviéndote del engaño, la manipulación y la fuerza directa en el momento preciso. Todos actúan con una moral flexible cuando se trata de su interés propio; tú lo harás simplemente en forma más consciente y efectiva.

El montaje del traficante

El conecte vive cada hora sabiendo práctica y subcons-
cientemente que si se relaja, si afloja un momento el
paso, los demás zorros, hurones, lobos y buitres, tan
hambrientos e impacientes como él, no dudarán en
hacerlo su presa.

—Malcolm X

En el verano de 1994, Curtis Jackson regresó a Southside Queens
luego de cumplir sentencia en un centro de rehabilitación de nar-
cotraficantes. Para su sorpresa, durante su año de ausencia el oficio había cambiado en forma drástica. Las calles rebosaban de conectes deseosos de ganar dinero traficando crack. Cansados de la
violencia y las ardientes rivalidades de los ocho años anteriores, se
habían adaptado a un sistema de una o dos esquinas por cabeza,
donde los adictos hacían una transacción rápida. Esto era fácil y
predecible para todos. No había que pelear, echar a otros ni andar
de aquí para allá.

Cuando Curtis corrió la voz de que quería rehacer su antiguo
equipo y reanudar sus actividades, se topó con desconfianza y franca hostilidad. Sus ambiciosos planes podían arruinar el eficiente
sistema en vigor. Le dio la impresión de que lo matarían antes de
que pudiera hacer cualquier cosa, sólo para preservar el nuevo
orden.

El futuro le pareció de súbito sombrío y deprimente. Meses antes había decidido dejar el tráfico de drogas, pero sus planes dependían de que ganara y ahorrara una buena suma para optar por una carrera musical. Adecuarse al sistema de esquina única significaba que nunca ganaría lo suficiente. Pasarían los años y cada vez le sería más difícil abandonar ese medio. Pero si intentaba crecer y ganar dinero pronto, hallaría pocos aliados y muchos enemigos entre sus compañeros. No les convenía que él ampliara sus operaciones.

Entre más sopesaba la situación, más se enojaba. Parecía que, donde mirara, había gente que se interponía en su camino, contenía sus ambiciones o pretendía decirle qué hacer. Esa gente fingía querer mantener el orden, cuando en realidad buscaba poder. Por experiencia propia, Curtis sabía que cuando se quiere algo en la vida, no se puede ser amable y sumiso; se debe ser ágil y enérgico. Era lógico que, recién salido de la cárcel, se sintiera algo apocado ante la idea de retomar su antigua vida, pero a lo que realmente debía temer era a estancarse y conformarse con ser traficante de esquina. Era momento de ser agresivo, ser malo, y sacudir un sistema sólo planeado para someter a personas como él.

Recordó a los grandes conectes que había conocido en el barrio. Una de sus estrategias más exitosas había sido el "montaje", una variante del viejo ardid del látigo y la carnada: se distrae a la gente con algo dramático y emotivo, y mientras se toma lo que se desea. La había visto ejecutar miles de veces, y al pensarlo bien se dio cuenta de que tenía material para una distracción perfecta.

Durante su rehabilitación se había hecho amigo del cabecilla de una banda de ladrones de Brooklyn, famosa por su jactancia y eficiencia. Para su montaje, Curtis guardaría la calma unas semanas, trabajaría una esquina como los demás y aparentaría aceptar el nuevo sistema. Pero después contrataría a esos ladrones a escondidas para que robaran joyas, dinero y drogas a todos los conectes del barrio, incluido él mismo. Harían varias incursiones en el área durante unas semanas. El trato sería: el dinero y las joyas para ellos, la droga para él. Nadie sospecharía de Curtis.

En las semanas siguientes se divirtió viendo cómo la repentina aparición de ladrones en su barrio causaba pánico entre los traficantes, algunos de los cuales eran amigos suyos. Fingió compartir su preocupación. Pero más valía no meterse con esos gangsters de Brooklyn. Casi de la noche a la mañana, la vida de los conectes sufrió un agudo revés; tuvieron que empezar a portar armas para protegerse, lo que, sin embargo, les acarreó nuevos problemas. La policía hacía revisiones ocasionales en todas partes, y ser sorprendido con un arma equivalía a una larga estancia en la cárcel. Los conectes ya no podían esperar a los adictos en una esquina. Tenían que moverse constantemente para evitar a la policía; algunos sólo recibían pedidos por beeper. Todo se complicó, y las ventas bajaron.

Estricto y estático, el viejo modelo había volado en pedazos, y Curtis aprovechó para vender cápsulas de nuevos colores que él mismo llenaba. A veces añadía cápsulas gratis, con la droga obtenida del robo. Los adictos lo buscaban por montones, sin que, demasiado alarmados, los demás traficantes advirtieran la trampa que les había puesto. Cuando la descubrieron, ya era demasiado tarde. Curtis había prosperado, e iba en camino de comprar su libertad.

Años después, Curtis (para entonces 50 Cent) se había abierto paso como rapero. Tenía un acuerdo con Columbia Records, y el futuro parecía razonablemente brillante. Pero no era de los que se hacen ilusiones con cualquier cosa. Pronto notó que había muchas oportunidades para quien fuera capaz de hacer una carrera sólida en la música. Como todos, peleaba por migajas de atención; los artistas podían tener éxito con un hit aquí o allá, pero era algo temporal, y no podían alterar esa dinámica. Peor aún, él ya se había hecho de enemigos en el medio; era ambicioso, talentoso y tenaz. Había personas que desconfiaban de él y le temían. Operaban en las sombras para cerciorarse de que no llegara lejos.

Como Fifty sabía, en este mundo el talento y las buenas intenciones nunca bastan; también hay que ser valiente y táctico. Ante la indiferencia o franca hostilidad de la gente hay que ser agresivo, y quitarla de en medio como sea, sin preocuparse por su repulsa. Él buscaba la oportunidad de ese acto audaz, y la halló en un encuentro inesperado.

Una noche platicaba con un amigo del barrio en una discoteca de Manhattan cuando vio que el rapero Ja Rule miraba hacia él. Semanas antes, ese amigo había robado unas alhajas a Ja Rule a plena luz del día; Fifty supuso que éste se acercaría y armaría un alboroto. En cambio, desvió la mirada y decidió ignorarlos, lo que resultó más que vergonzoso. Ja Rule era entonces uno de los raperos más populares; tenía fama de gangster de Southside Queens, y sus letras reflejaban su imagen de tipo rudo. Al igual que su sello discográfico, Murder Inc., se había aliado con Kenneth "Supreme" McGriff, exlíder del Supreme Team, grupo que en los años ochenta controló el narcotráfico en Nueva York con tácticas despiadadas. Supreme daba credibilidad en las calles a Murder Inc., que le ofrecía a cambio acceso a la industria disquera, algo legítimo que lo distanciaba de su oscuro pasado.

Ningún conecte ni gangster de verdad habría ignorado a un ladrón tan cínico. Fifty se dio cuenta de que Ja era un farsante; de que su imagen y sus letras no pasaban de ser una pantalla para ganar dinero. Ja Rule era arrogante pero inseguro. Al descubrir esto, en la mente de Fifty cobró forma la idea de un montaje maestro, que llamara la atención y lo elevara por encima de todos los que se interponían en su camino.

Semanas más tarde empezó a soltar pullas contra Ja Rule, en las que lo presentaba como un gangster de estudio que rapeaba sobre cosas que nunca había experimentado. Sin duda esto molestó a Ja, pero no respondió. Obviamente, era demasiado importante para preocuparse por un don nadie. Sin embargo, el siguiente paso de Fifty sería imposible de ignorar: estrenó una canción que detallaba las actividades de los líderes de bandas más famosos de los años ochenta en Southside Queens, Supreme entre ellos. Al popularizarse en la calle, ese tema atrajo sobre este último justo el tipo de atención que quería evitar con su nueva legitimidad. Eso le enojó e inquietó; ¿qué más haría Fifty? Así pues, presionó a Ja Rule para que hostigara y destruyera a ese advenedizo antes de que llegara demasiado lejos.

Ja se vio obligado a perseguir a Fifty. Hizo cuanto pudo para callarlo: difundió rumores sobre su pasado, intentó bloquear sus contratos discográficos e inició una pelea junto con sus secuaces un día en que lo encontró en un estudio de grabación. Quería intimidarlo con su fuerza y su fama, pero esto sólo motivó a Fifty a lanzarle más pullas. Buscaba exasperar a Ja, enfurecerlo y hacerlo sentir inseguro, sediento de venganza. Él conservaría una calma estratégica mientras el otro perdía el control. Con este fin lo llamó *wanksta*, gangster de pacotilla. Parodió su manera de cantar, sus letras, toda su imagen, supuestamente hosca. Los temas resultantes fueron arrolladores, mordaces y humorísticos.

En forma lenta pero segura, Ja se enojaba cada vez más a medida que esas canciones llegaban a la radio y los periodistas lo acribillaban a preguntas sobre Fifty. Tenía que probar su rudeza, que no era un *wanksta*, así que soltó sus propias pullas. Pero, lejos de ser ingeniosas, sus canciones fueron brutales y violentas. Sin notarlo, se había puesto a la defensiva, y no resultaba nada gracioso.

El primer disco de Fifty coincidió con uno de Ja, y las ventas de aquél eclipsaron por completo las de su rival. Fifty era la nueva estrella, y Ja comenzó a apagarse. En consonancia con su nuevo papel, Fifty puso fin a sus ataques, casi por lástima hacia su antiguo enemigo. Ya le había sido útil, y era mejor dejarlo en el olvido.

La actitud del valiente

Aprendí que el niño que no quiere pelear en el patio de la escuela termina siempre con el ojo morado. Si indicas que harás cualquier cosa por evitar dificultades, te meterás en problemas.

—50 Cent

La vida implica constantes batallas y enfrentamientos. Esto ocurre en dos niveles. En uno, tenemos deseos y necesidades, un interés propio por promover. En un mundo sumamente competitivo, esto significa que debemos hacer valer nuestros derechos, y a veces hasta quitar de en medio a la gente para poder salirnos con la nuestra.

En el otro, siempre habrá personas más agresivas que nosotros. En algún momento se cruzarán en nuestro camino e intentarán bloquearnos o perjudicarnos. En ambos niveles, tanto a la ofensiva como a la defensiva, tenemos que saber manejar la resistencia y hostilidad de los demás. Tal ha sido el drama humano desde el principio de los tiempos, y ni el mayor progreso alterará esta dinámica. Lo único que ha cambiado es nuestro modo de resolver esos inevitables momentos de fricción.

Antes la gente era más belicosa. Señales de esto pueden verse en todo tipo de conductas sociales. En el teatro, por ejemplo, el público europeo y estadunidense acostumbraba expresar, en el siglo XIX su reprobación de una obra o de los actores gritando, silbando o arrojando objetos al escenario. Era común que en la sala surgieran peleas por diferencias de opinión, lo que no era motivo de inquietud, sino parte del atractivo. En las campañas políticas se aceptaba como normal que seguidores de distintos partidos se enfrentaran en las calles a causa de sus divergencias. Una democracia se consideraba vigorosa si permitía esos desacuerdos públicos, una especie de válvula de escape para la agresividad humana.

Ahora se ve lo opuesto. En general, la confrontación nos asusta más. Solemos tomar como algo personal que alguien discrepe abiertamente de nosotros o exprese una opinión contraria. Nos da mucho miedo decir algo que pueda ofender a quienes nos rodean, como si su ego fuera demasiado frágil. La cultura tiende a enarbolar como ideal el espíritu de cooperación; ser justo y democrático quiere decir llevarse bien con los demás, encajar y no enfadar a nadie. El conflicto y la fricción son casi malignos; se nos alienta a ser corteses y agradables. No obstante, el animal humano conserva sus impulsos agresivos, pero mucha gente canaliza esa energía hacia una conducta agresiva pasiva, lo que complica las cosas aún más.

En esta atmósfera, todos pagamos un precio. Cuando se necesita la parte ofensiva del poder y debemos actuar en forma enérgica para promover nuestros intereses, tendemos a ser indecisos e inseguros. Ante los agresores (incluso los pasivos) que nos rodean, podemos ser demasiado ingenuos; queremos creer que la gente es básicamente pacífica y desea lo mismo que nosotros. Pero a menudo nos enteramos demasiado tarde de que no es así. Esta incapacidad para hacer frente a lo inevitable en la vida es causa de muchos problemas. Nos empeñamos en posponer o evitar conflictos y cuando llegan a un punto en que ya no podemos seguir ese juego pasivo, carecemos de la experiencia y el hábito de atacarlos frontalmente.

El primer paso para superar esto es darse cuenta de que la aptitud para lidiar con los conflictos depende de la fortaleza interior contra el miedo, y de que esa aptitud no tiene nada que ver con que seamos buenos o malos. Cuando te sientes débil y temeroso, crees que no puedes manejar ningún enfrentamiento. Podrías desmoronarte, perder el control o salir perjudicado. Es mejor que todo siga siendo suave y uniforme. Tu principal meta entonces es agradar, lo que se vuelve una suerte de escudo defensivo. (Gran parte de lo que pasa por conducta bondadosa y amable es reflejo en realidad de temores profundos.)

Pero lo que de verdad necesitas es sentirte fuerte y seguro por dentro. Estar dispuesto a disgustar ocasionalmente a los demás y a hacer frente a quienes se oponen a tus intereses. Desde esta posición de fuerza podrás manejar la fricción de manera efectiva, siendo malo cuando corresponda.

Sin embargo, esa fortaleza interior no es natural. Requiere experiencia. Esto significa hacer valer tus derechos en la vida diaria más que de costumbre; afrontar a un agresor en lugar de evitarlo; planear cómo obtener lo que deseas y hacerlo en vez de esperar a que te lo den. Por lo general advertirás que tus temores han exagerado las consecuencias de ese tipo de conductas. Enviarás a los demás señales de que tienes límites que no pueden cruzar, intereses que estás dispuesto a defender o promover. Te verás libre de la constante ansiedad que te causa enfrentar a la gente. Ya no estarás atado a la amabilidad falsa que te exaspera. La siguiente batalla será más fácil. Tu seguridad para manejar esos momentos de fricción aumentará con cada encuentro.

En el barrio, la gente no puede darse el lujo de ocuparse de agradar a los demás. Los recursos son limitados; todos buscan poder y toman el que pueden. Es un juego rudo, sin cabida para la ingenuidad o la esperanza de que ocurran cosas buenas. Aprende a tomar lo que necesitas y a no sentir culpa por eso. Si tienes sueños y ambiciones, sabes que para cumplirlos debes actuar, hacer ruido, lastimar a tu paso a algunas personas. Y da por supuesto que otros harán lo mismo contigo. Así es la naturaleza humana; en lugar de lamentarlo, aprende a protegerte mejor.

Todos encaramos una dinámica competitiva parecida: quienes nos rodean pugnan por promover sus intereses. Pero como nuestras batallas son más sutiles e indirectas, tendemos a perder de vista los aspectos inhóspitos de este juego. Solemos ser demasiado confiados: en los demás, en un futuro que nos traerá cosas buenas. Pero podríamos adoptar parte de la dureza y realismo de quienes crecen bajo presión. Es posible trazar una línea simple: todos tenemos grandes metas y ambiciones. Pero o bien esperamos el momento óptimo para cumplirlas, o bien las perseguimos. Esta persecución requiere canalizar inteligentemente cierta energía agresiva, y disposición a disgustar a quienes se interpongan en nuestro camino. Si aguardamos y nos conformamos con lo que tenemos no es porque seamos buenos y amables, sino porque tenemos miedo. No obstante, para hacer valer nuestros derechos debemos librarnos del miedo y la culpa. Lo único que hacen es sojuzgarnos.

Los valientes de la historia debieron arrostrar muchas hostilidades en su vida, e invariablemente descubrieron el crucial papel de la actitud personal en la prevención de la agresividad ajena. Piensa en Richard Wright, el primer escritor afroestadunidense de éxito en la historia. Su padre abandonó a su madre poco después de que él nació, en 1908, y Wright sólo conoció hambre y pobreza en su niñez. Tras ser linchado el tío con quien vivían por una turba blanca, su madre, su hermano y él tuvieron que huir de Arkansas y vagar por el sur. Cuando la madre enfermó y quedó inválida, Wright anduvo de familia en familia, e incluso pasó tiempo en un orfanatorio. Sus parientes, también pobres y desdichados, le pegaban con frecuencia. Sus condiscípulos, viéndolo diferente (le gustaba leer y era tímido), se burlaban de él y lo rechazaban. En el trabajo, sus patrones blancos lo sometían a infinidad de humillaciones, como golpizas y despidos sin razón aparente.

Estas experiencias crearon en Wright intrincadas capas de temor. Pero al leer más sobre el mundo y pensar mejor las cosas, surgió en su interior un espíritu nuevo, la necesidad de rebelarse y no aceptar el orden establecido. Cuando uno de sus tíos amenazó con golpearlo por una tontería, decidió que ya había tenido suficiente. Aunque era apenas un niño, blandió dos hojas de afeitar y le dijo a su tío que estaba listo para morir peleando. El tío no volvió a molestarlo. Al ver el poder que le daba esa actitud, Wright hizo algo más controlado y calculado. Cuando las condiciones de trabajo se volvieron intolerables, abandonó su puesto; una impertinencia para los patrones blancos, quienes corrieron la voz en la ciudad. Pero a él no le importó que se le creyera diferente; se sentía orgulloso de ello. Suponiendo que permanecería atrapado el resto de su vida en Jackson, Mississippi, y ansioso de escapar al norte, delinquió por primera y última vez, robando lo indispensable para dejar la ciudad. Se sintió más que justificado al hacerlo.

Este espíritu impregnó su vida hasta el final. Residente en Chicago como escritor de éxito, sintió que sus novelas eran malinterpretadas por el público blanco, que invariablemente hallaba la manera de atenuar su mensaje sobre los prejuicios raciales y de ver en su obra lo que quería ver. Reparó entonces en que él mismo se contenía, ajustando sus palabras al gusto del público. Debía vencer de nuevo el miedo a molestar, y escribir un libro que no pudiera malinterpretarse, tan crudo como la vida que él conoció. Éste fue el origen de *Native Son* (Sangre negra), su novela más conocida y exitosa.

Wright descubrió algo muy simple: que cuando te sometes a tus agresores o a una situación injusta e insoportable, no consigues una paz verdadera. Incitas a los otros a llegar más lejos, a abusar más de ti, a utilizarte para sus fines. La gente nota que no te respetas, y cree justificado maltratarte. Cuando eres sumiso, cosechas los frutos de la sumisión. Desarrolla lo opuesto: una postura combativa salida de lo más hondo de ti e imposible de perturbar. Impón respeto.

Lo mismo nos pasa a todos: la gente tomará de nosotros lo que pueda. Si ve que eres de los que toleran y se someten, no descansará hasta establecer contigo una relación de explotación. Algunos lo harán abiertamente; otros serán más sinuosos, y agresivos pasivos. Muéstrales que hay líneas que no pueden cruzar; que pagarán caro si tratan de mangonearte. Lo harás con tu actitud, valiente y presta a pelear. Esta postura destella, y se percibirá en tu manera de ser sin que tengas que decir una palabra. Por una paradójica ley de la naturaleza humana, tratar de complacer menos a los demás hará más probable que te respeten y te traten bien.

Claves para la valentía

Hay tanta distancia entre saber cómo viven los hombres y saber cómo deberían vivir que el que, para gobernarlos, abandona el estudio de lo que se hace para estudiar lo que sería más conveniente hacerse aprende más bien lo que debe obrar su ruina que lo que debe preservarle de ella; supuesto que un príncipe que en todo quiere hacer profesión de ser bueno, cuando en el hecho está rodeado de gentes que no lo son, no puede menos que caminar hacia su ruina. Es, pues, necesario que un príncipe que desea mantenerse aprenda a poder no ser bueno, y a servirse o no servirse de esta facultad según que las circunstancias lo exijan.
—Nicolás Maquiavelo

En cuestión de moral, casi todos experimentamos una división de conciencia. Por un lado, entendemos la necesidad de seguir códigos de conducta básicos, con siglos de antigüedad. Hacemos lo posible por cumplirlos. Por el otro, sabemos que el mundo es hoy mucho más competitivo que el de nuestros padres o abuelos. Para progresar en él debemos estar dispuestos a torcer ocasionalmente ese código moral, jugar con las apariencias, ocultar la verdad para parecer mejores de lo que somos y manipular a algunas personas a fin de asegurar nuestra posición. La cultura en su conjunto refleja esta división. Enfatiza los valores de la cooperación y la decencia, pero, al mismo tiempo, en los medios nos bombardean con casos de individuos que llegan a la cima siendo malos y despiadados. Estas historias nos atraen y repugnan simultáneamente.

Esa división produce ambivalencia, y nos vuelve torpes. No somos muy hábiles para ser buenos y malos. Cuando manipulamos por necesidad, lo hacemos con poca convicción y algo de culpa. No sabemos cómo operar en esta vía; cuándo desempeñar el papel agresivo o qué tan lejos llegar.

Nicolás Maquiavelo, el gran escritor florentino del siglo XVI, advirtió en su época un fenómeno parecido, en otro nivel. Italia estaba escindida en varias ciudades-Estado que intrigaban sin cesar por el poder. Era un entorno peligroso y complicado para un líder. Al enfrentar a un Estado rival, un príncipe debía ser muy cuidadoso. Sabía que sus rivales harían todo por promover sus intereses, como improvisar acuerdos para aislarlo o destruirlo. Tenía que estar dispuesto a realizar cualquier maniobra para proteger a su Estado. Sin embargo, al mismo tiempo, estaba imbuido de valores cristianos. Debía hacer malabares, por tanto, entre dos códigos de conducta, uno privado y otro para el juego del poder. Esto lo volvía torpe. Nadie definía los parámetros morales de cómo defender y promover su Estado. Si era demasiado agresivo, se le juzgaba mal en el mundo y tenía que pagar las consecuencias. Si era demasiado bueno y cortés, un rival podía invadir su Estado, y afectar a la ciudadanía.

Para Maquiavelo, el problema no es que el líder adapte su moral a las circunstancias −todos obran así−, sino que no lo haga del todo bien. Muy a menudo, el príncipe era agresivo cuando debía ser astuto, o viceversa. No se percataba a tiempo de que un Estado antes amigable ya conspiraba en su contra, y su respuesta era demasiado desesperada. Cuando un proyecto fructifica, la gente tiende a disculpar algunas de las sucias tácticas empleadas; cuando fracasa, esas mismas tácticas se analizan y condenan.

Un príncipe o líder debe ser ante todo eficaz en sus actos, y para ello tiene que dominar el arte de saber cuándo y cómo ser malo. Esto supone valentía y flexibilidad. Cuando la situación lo requiere, debe ser un león: agresivo y directo en la protección de su Estado, o en el uso de lo que sea necesario para asegurar sus intereses. Otras veces debe ser un zorro: salirse con la suya mediante hábiles maniobras que disimulen su agresividad. Y con frecuencia tiene que hacerse pasar por cordero: la criatura mansa, buena y cortés ensalzada por la tradición cultural. Además, debe ser malo en la forma indicada, acorde a la situación, y cuidar que sus actos parezcan justificados, reservando para las sombras sus tácticas más innobles. Si domina el arte de ser malo y lo ejerce con moderación, dará más paz y poder a la ciudadanía que el príncipe torpe inclinado a ser demasiado bueno.

Este modelo también debería ser nuestro. Hoy todos somos príncipes, en competencia con miles de "Estados" rivales. Poseemos impulsos agresivos, deseos de poder. Estos impulsos son peligrosos. Si los seguimos de manera torpe o inconsciente, podemos crearnos muchos problemas. Tenemos que aprender a reconocer las situaciones que demandan actos enérgicos (aunque controlados), lo mismo que el modo de ataque apropiado (de zorro o león).

Los siguientes son los enemigos y escenarios más comunes entre los que exigen de ti cierta maldad para defenderte o promoverte.

AGRESORES

En 1935, algunos izquierdistas estadunidenses estaban a disgusto con las reformas del presidente Franklin Delano Roosevelt, conocidas como New Deal. Creían que no daban los rápidos resultados deseados. Así, decidieron hacer causa común para formar el que más tarde se conocería como Partido de la Unión, a fin de atizar ese descontento. Contenderían con Roosevelt en 1936, y era muy probable que obtuvieran apoyo suficiente para regalar la elección a los republicanos. Entre ellos estaban Huey Long, el gran senador populista de Louisiana, y el padre Charles Coughlin, sacerdote católico con un popular programa de radio. Sus ideas eran vagamente socialistas, y atraían a muchos de los que se sentían privados de sus derechos en los días de la Gran Depresión. Sus ataques contra Roosevelt comenzaron a surtir efecto; las cifras de éste en las encuestas iban a la baja. Envalentonado, el Partido de la Unión hizo más agresiva e implacable su campaña.

Mientras tanto, Roosevelt no decía nada, permitiendo a esa organización propalar sus acusaciones y amenazas. Sus asesores se alarmaron; lo veían demasiado pasivo. Pero esto era parte de un plan: seguro de que al paso del tiempo la gente se cansaría de esos estridentes ataques, Roosevelt intuyó que las facciones del nuevo partido empezarían a pelear unas con otras al acercarse la elección. Así que ordenó a sus colaboradores no atacar.

Al mismo tiempo, se puso a trabajar tras bambalinas. Despidió en Louisiana a muchos empleados del gobierno que simpatizaban con Long, y los remplazó por partidarios suyos. Promovió investigaciones detalladas de las turbias finanzas del senador Long. Maniobró para apartar a Coughlin de otros sacerdotes católicos notables, de modo que pareciera un radical marginal. Implantó leyes que lo obligaron a obtener un permiso para transmitir sus programas de radio; el gobierno halló motivos para rechazar su solicitud y lo silenció temporalmente. Todo esto sirvió para confundir y amedrentar a los enemigos de Roosevelt. Como él lo predijo, el Partido de la Unión se dividió y la gente perdió interés. Roosevelt consiguió en la elección de 1936 una victoria sin precedente.

Roosevelt comprendió el principio básico para ponerse en guardia contra los implacables agresores directos: si los atacas de frente, te verás forzado a pelear bajo sus condiciones. A menos que seas de naturaleza agresiva, estarás en desventaja contra quienes tienen ideas simples y temible energía. Es mejor que los combatas de manera indirecta, ocultando tus intenciones y haciendo tras bambalinas —sin que nadie te vea— todo lo que puedas por crear obstáculos y sembrar confusión. En vez de reaccionar, permite a los agresores seguir con sus ataques, para que se exhiban solos y te ofrezcan fabulosos blancos de ataque. Si respondes con demasiado dinamismo y energía, parecerás a la defensiva. Sé un zorro ante ese león; no dejes de ser calculador ni pierdas la calma, y haz lo que puedas por exasperarlo más e inducirlo a destruirse con su temeraria energía.

Estos sujetos son perfectos simuladores. Se fingen débiles e indefensos, rectos y virtuosos, o solícitos y cordiales. Eso dificulta identificarlos a primera vista. Emiten toda clase de señales contradictorias —alternando entre cordialidad, frialdad y hostilidad—, lo que produce confusión y emociones encontradas. Si les reclamas su comportamiento, usan esa confusión para hacerte sentir culpable, como si tú fueras la causa del problema. Una vez envuelto en su drama, y comprometidas tus emociones, te será muy difícil zafarte. La clave es reconocerlos a tiempo para actuar en consecuencia.

Cuando la gran duquesa Catalina (la futura Catalina la Grande, emperatriz de Rusia) conoció al que sería su esposo, Pedro, le pareció que, en el fondo, era un niño inocente. Aún se entretenía con soldados de juguete, y poseía un temperamento voluble e irascible. Pero poco después de casarse, en 1745, empezó a detectar un lado distinto en el carácter de su marido. Se llevaban muy bien en privado. Pero fuentes de segunda mano la enteraban de todo tipo de horrores, según los cuales él se arrepentía de su matrimonio y prefería a la doncella de Catalina. ¿A qué dar crédito?; ¿a estas habladurías, o a la jovialidad de su esposo cuando estaban juntos? Tras ser coronado como zar Pedro III, él la invitaba gentilmente a que lo visitara en las mañanas, pero la ignoraba después. Cuando el hortelano real dejó de hacerle llegar sus frutas preferidas, Catalina descubrió que era por órdenes de él. Pedro hacía cuanto podía por amargarle la vida y humillarla de modo sutil.

Pronto, por fortuna, Catalina dedujo que él era un hábil manipulador. Evidentemente, su infantil apariencia le servía para desviar la atención de su esencia mezquina y vengativa. Su meta, razonó ella, era empujarla a cometer una imprudencia que le diese un pretexto para aislarla o eliminarla. Catalina decidió esperar el momento oportuno, mostrarse afable y conquistar aliados clave en la corte y el ejército, muchos de los cuales habían terminado por aborrecer al zar.

Por último, segura del apoyo de sus aliados, instigó un golpe de Estado que la librara de él de una vez por todas. Cuando quedó claro que el ejército estaba de su parte y él sería arrestado, Pedro dio en rogar y suplicar: cambiaría, y gobernarían juntos. Catalina no contestó. Él envió otro mensaje en el que aseguraba que abdicaría si se le permitía regresar pacíficamente a su finca con su amante. Catalina se rehusó a negociar. Arrestado, Pedro fue asesinado poco después por uno de los conspiradores, quizá con la venia de la emperatriz.

Catalina era una valiente clásica. Sabía que los agresores pasivos no deben exaltarte, ni envolverte en sus intrigas infinitas. Si respondes de modo indirecto, con la misma agresividad pasiva que ellos, les haces el juego, en el que son mejores que tú. Si eres taimado y astuto, no lograrás sino aumentar sus inseguridades e intensificar su naturaleza vengativa. La única forma de tratar a estos individuos es actuar con audacia y entereza para desalentar nuevas tonterías o ahuyentarlos. Sólo reaccionan a la influencia y el poder. Tener aliados en lo alto de la cadena de mando puede servir para bloquearlos. Serás así un león ante ese zorro, que te temerá. Verá que, de persistir en su conducta (en cualquiera de sus formas), pagará las consecuencias.

Para reconocer a estas personas, busca conductas extremas, artificiales: demasiada bondad, demasiada obsequiosidad, demasiada virtud. Es muy probable que sean disfraces con los que pretenden desviar la atención de su verdadera naturaleza. Más vale que seas proactivo y tomes precauciones en cuanto sientas que gente así trata de interferir en tu vida.

SITUACIONES INJUSTAS

A principios de la década de 1850, Abraham Lincoln llegó a la conclusión de que la institución de la esclavitud era la deshonra de la democracia estadunidense y había que eliminarla. Pero al sondear el panorama político, se preocupó: los izquierdistas eran demasiado ruidosos y severos; en su afán de promover la abolición, polarizarían al país, y los esclavistas podrían explotar fácilmente esas divisiones políticas para sostener durante décadas su modo de vida. Sin embargo, Lincoln era un realista consumado; si la meta es terminar con una injusticia, se debe apuntar a los resultados, y esto implica ser táctico, y aun tramposo. Estaba dispuesto a hacer casi cualquier cosa para terminar con la esclavitud.

Decidió que él era el político más indicado para esa causa. Su primer paso fue ofrecer una fachada de moderación, lo mismo en la campaña de 1860 que tras su elección como presidente. Hizo creer que su meta más importante era preservar la Unión y eliminar poco a poco la esclavitud, por medio de una política de contención. Cuando, en 1861, la guerra se volvió inevitable, decidió tender una ingeniosa trampa al Sur, para forzarlo a atacar Fort Sumter y que él tuviera que declararle la guerra. Esto hizo parecer al Norte víctima de una agresión. Ideó todas esas maniobras para mantener unidos a sus partidarios en el Norte: oponerse a él era oponerse a sus esfuerzos por derrotar al Sur y preservar la Unión, lo que dejaba en segundo plano el tema de la esclavitud. Este frente unido a su lado impidió casi por completo que el enemigo empleara ardides políticos.

Cuando la guerra se inclinó a favor del Norte, Lincoln adoptó gradualmente posturas más radicales (formuladas en la Proclama de la Emancipación y el discurso de Gettysburg), sabedor de que ya contaba con un margen más amplio para revelar sus metas verdaderas y cumplirlas. Al dar la victoria al Norte, dispuso de aún mayor margen para proseguir su campaña. En suma, con objeto de suprimir la esclavitud, estuvo dispuesto a manipular a la opinión pública, ocultando sus intenciones, y a practicar el engaño directo en sus maniobras políticas. Esto exigió gran valentía y paciencia de su parte, pues casi todos malinterpretaron sus propósitos y lo criticaron por oportunista. (Algunos lo siguen haciendo.)

Al enfrentar una situación injusta, tienes dos opciones. Puedes proclamar a voz en cuello tu intención de derrotar a quienes están detrás de ella, luciendo noble y bueno por eso. Pero a la larga esto tiende a polarizar a la gente (te haces de un acérrimo enemigo por cada simpatizante que ganas para la causa) y a volver obvios tus propósitos. Así, si el enemigo es hábil, te será casi imposible vencerlo. Pero si lo que buscas son resultados, aprende a ser zorro, librándote de tu pureza moral. Resiste la tentación de exaltarte y realiza maniobras estratégicas ideadas para obtener apoyo público. Cambia de postura según las circunstancias, envolviendo al enemigo en acciones que te ganen simpatías. Oculta tus intenciones. Concibe esto como una guerra; con excepción de innecesarios actos violentos, estás llamado a hacer todo lo que sea preciso para derrotar al enemigo. Perder es innoble cuando permite que prevalezca una injusticia.

SITUACIONES ESTÁTICAS

En cualquier área, la gente crea pronto reglas y convenciones por seguir. Esto suele ser indispensable para inculcar orden y disciplina. Pero muy a menudo esas reglas y convenciones son arbitrarias; se basan en algo que surtió efecto en el pasado pero que quizá tenga poca relevancia en el presente. Son con frecuencia instrumentos para que quienes están en el poder preserven su dominio y mantengan unido al grupo. Pero si persisten, esas reglas se vuelven embrutecedoras y eliminan toda nueva manera de hacer las cosas. Esto demanda la completa destrucción de tales convenciones caducas, para dar lugar a algo nuevo. En otras palabras, en este caso debes ser un león total, lo más malo posible.

Así fue como respondieron importantes jazzistas negros —entre ellos Charlie Parker, Thelonious Monk y Dizzy Gillespie— a las rígidas convenciones musicales de principios de los años cuarenta. Tras sus audaces inicios, el jazz había sido cooptado por artistas y espectadores blancos. Las variantes más populares —big band, swing— eran controladas y reglamentadas. Para ganar dinero había que ceñirse a las normas y tocar esos géneros populares. Pero aun a los músicos negros que seguían las convenciones se les pagaba mucho menos que a sus iguales blancos. La única forma de evitar esta situación opresiva era destruirla con un ritmo totalmente nuevo, conocido más tarde como bebop. Este nuevo género iba contra todas las convenciones vigentes. Era una música desenfrenada e improvisada. Al popularizarse permitió a esos músicos tocar a su modo, y les dio cierto control sobre su carrera. Se destrabó así la situación estática, dejando abierto el terreno para las grandes innovaciones del jazz de los años cincuenta y sesenta.

Sé en general menos respetuoso de las reglas fijadas por otros. No necesariamente se ajustan a tu época o temperamento. Además, hay mucho poder por conseguir siendo el iniciador de un nuevo orden.

DINÁMICA INTOLERABLE

En la vida te ves a veces en una situación negativa que, por más que hagas, no mejora. Puede ser que trabajes para personas irracionales. Sus actos no parecen servir sino para imponer su poder y contrariarte. Todo lo que haces está mal. O puede tratarse de una relación en la que te ves constantemente obligado a salvar al otro. Esto suele implicar a personas que aparentan ser víctimas débiles, necesitadas de atención y ayuda. Todo lo dramatizan. Por más que hagas, siempre tienes que salir a su rescate.

Reconocerás esta dinámica por tu necesidad emocional de resolver a como dé lugar el problema, combinada con tu frustración absoluta en la búsqueda de una respuesta razonable. Lo cierto es que la única solución viable es poner fin a la relación, sin discutir, negociar ni hacer concesiones. Deja tu empleo (siempre habrá otro); abandona tan terminantemente como puedas a quien te atormenta. Resiste la tentación de sentirte culpable. Distánciate lo más posible, para que esa persona no pueda inducir en ti tales emociones. Ella debe quedar atrás para que tú puedas seguir con tu vida.

Cambio de perspectiva

El problema de los enfrentamientos y la razón de que los evitemos es que provocan emociones desagradables. Nos ofende en lo personal que alguien quiera lastimarnos o perjudicarnos. Esto nos hace dudar de nosotros y sentirnos inseguros. ¿Lo merecíamos por algún motivo? Si sufrimos varios momentos desagradables, somos cada vez más asustadizos. Pero en realidad se trata de un problema de percepción. En medio de nuestra confusión interior, tendemos a exagerar las intenciones negativas de nuestros adversarios. En general, tomamos los conflictos como algo personal. Sin embargo, la gente arrastra traumas y problemas desde su niñez. Cuando hace algo para perjudicarnos o bloquearnos, no suele hacerlo contra nosotros en lo personal. Es víctima de un asunto no resuelto del pasado, o de inseguridades profundas. Sencillamente nos cruzamos en su camino en un mal momento.

Es esencial que desarrolles la perspectiva opuesta: la vida implica lógicamente intereses en conflicto; los demás tienen asuntos y problemas propios, que chocan con los tuyos. Pero en vez de tomártelo tan a pecho o preocuparte por sus intenciones, dedícate a protegerte y promoverte en este juego competitivo, esta sangrienta liza. Fija tu atención en las maniobras ajenas y cómo frustrarlas. Cuando tengas que recurrir a algo convencionalmente poco ético, piensa que es sólo una maniobra más en el juego, nada para sentirte culpable. Acepta la naturaleza humana y la idea de que la gente se vale de la agresividad. Esta perspectiva imparcial y serena te facilitará mucho planear la estrategia perfecta para mitigar esa agresividad. Dado que tus emociones saldrán intactas de tales enfrentamientos, te acostumbrarás a ellos, e incluso disfrutarás sostenerlos.

> En la arena, nuestros adversarios pueden lastimar con las uñas o darnos un cabezazo y magullarnos, pero no por eso los denunciamos ni nos disgustamos con ellos, o los juzgamos violentos en adelante. Lo único que hacemos es no perderlos de vista [...] aunque no por odio o recelo. Sólo mantenemos una prudente distancia. Hemos de proceder igual en otros campos. Disculpemos lo que hacen nuestros contrincantes y simplemente conservemos nuestra distancia, sin odio ni reservas.
>
> —Marco Aurelio

CAPÍTULO 6

Ponte al frente: Autoridad

En todo grupo, el de arriba da la pauta, en forma consciente o inconsciente. Si los líderes son miedosos, dudan
de correr riesgos o se preocupan demasiado por su ego y reputación, el
grupo invariablemente se contami-
nará, y le será imposible actuar de
manera efectiva. Quejarse e instar a
la gente a esforzarse más es contraproducente. Adopta el estilo opuesto: infunde en tus tropas el espíritu
adecuado con actos, no con palabras.
Que vean que te esfuerzas más que
nadie, sigues las normas más estrictas, corres riesgos con seguridad en
ti mismo y tomas decisiones difíciles. Eso inspirará y unirá al grupo.
En estos tiempos democráticos, tienes que practicar lo que predicas.

El rey de los traficantes

> Nadie puede dirigir un ejército desde la retaguardia.
> Debe ponerse al frente [...] en la cabeza misma del ejér-
> cito. Debe vérsele ahí, y cada oficial y soldado ha de
> sentir el efecto de su mente y energía personal.
>
> —General William T. Sherman

Al llegar la primavera de 1991, el joven Curtis Jackson había demostrado ser uno de los traficantes más astutos del barrio. Tenía
tantos clientes que debió contratar personal para satisfacer la demanda. Pero como sabía bien, en el barrio nunca dura nada bueno.
Justo cuando planeaba ampliar sus operaciones, un traficante mayor, Wayne, comenzó a amenazarlo. Acababa de salir de la cárcel;
estaba decidido a ganar mucho dinero lo más pronto posible, y a
dominar a continuación el tráfico local. Todo indicaba que Curtis
era su principal rival. Trató de intimidarlo, diciéndole que pagaría
caro si no se replegaba. Curtis lo ignoró. Wayne decidió revirar entonces: corrió la voz de que lo mataría.

No era la primera vez que Curtis oía algo así, y sabía lo que vendría luego: Wayne no haría el trabajo; no podía arriesgarse a volver a prisión. Contaba con que alguien de corta edad se enterara de
que quería matar a Curtis y con que, ansioso de ganar credibilidad
en la calle, se encargara del trabajo sucio. Y en efecto, días después
de ser informado de las intenciones de Wayne, Curtis notó que un

chico llamado Nitty lo seguía. Tuvo la certeza de que Nitty planeaba el golpe, y de que lo daría pronto.

Ésa era la deprimente dinámica del tráfico en el barrio: entre más éxito se tenía, más se llamaba la atención. A menos que inspirara temor, un traficante no dejaría de tener rivales que quisieran arrebatarle lo suyo y amenazaran continuamente su posición en la calle. Una vez que esto sucedía, un conecte antes exitoso se veía envuelto en un ciclo de violencia, represalias y cárcel.

Pero algunos traficantes habían logrado imponerse a esta dinámica. Eran los reyes del barrio; tan sólo oír su nombre o verlos en la calle producía una reacción visceral, mezcla de temor y admiración. Imperaban sobre los demás gracias a sus hazañas, con las que habían demostrado ser listos y valientes. Sus maniobras eran impredecibles, y por eso aterradoras. Si alguien quería desafiarlos, pronto recordaba lo que habían hecho en otras circunstancias, y desistía. Todo esto les daba un aura de poder y misterio. En lugar de rivales por doquier, tenían discípulos dispuestos a seguirlos donde fuera. Si Curtis se consideraba rey, había llegado el momento de demostrarlo, lo más drásticamente posible.

Pese a que la muerte lo miraba a los ojos, se empeñó en controlar sus emociones y pensó largo y tendido en el dilema que Wayne le planteaba. Si él lo acosaba para matarlo antes, lo hallaría preparado, y le daría el pretexto perfecto para que lo matara en defensa propia. Si mataba a Nitty, la policía lo atraparía, y terminaría pasando una larga temporada en la cárcel, lo cual era igualmente favorable a Wayne. Si no hacía nada, Nitty lo liquidaría. Sin embargo, la estrategia de Wayne tenía un defecto fatal: su temor a obrar por cuenta propia. No era un rey, sino apenas otro traficante asustado que fingía ser duro. Curtis caería sobre él desde un ángulo inesperado, y todo cambiaría.

Sin perder tiempo, una tarde pidió a Tony, uno de sus empleados, que lo acompañara. Juntos sorprendieron a Nitty en la calle; y mientras Tony lo sujetaba, Curtis le cortó la cara con una navaja. Llegó lo bastante hondo para mandarlo dando gritos al hospital, y dejarle una bonita cicatriz por algún tiempo. Horas después tropezaron con el auto de Wayne, contra el que dispararon, mensaje ambiguo de que hubieran querido que estuviera en él o de que lo retaban a atacarlos de frente.

Las piezas del dominó cayeron al día siguiente justo como Curtis había planeado. Nitty buscó a Wayne para vengarse juntos de Curtis; después de todo, Wayne también había sido agredido. Pero éste insistió en que Nitty debía hacerlo solo. El muchacho entrevió entonces el juego: él era el idiota a cargo del trabajo sucio, y Wayne no era tan duro como parecía. Ya no tenía nada que hacer con él, y temía enfrentar solo a Curtis. Decidió entonces que podía vivir con la cicatriz. Esto dejó a Wayne en una posición delicada. Si volvía a pedir a alguien que hiciera el trabajo, las cosas empezarían a parecer lo que eran: que Wayne era demasiado cobarde para hacerlo él mismo. Era mejor olvidarse de todo.

Esto fue la comidilla en el barrio en los días siguientes. Curtis había burlado a un rival mayor. A diferencia de él, no temía ser violento. Había hecho algo drástico y audaz, en circunstancias desfavorables. Cada vez que viera a Nitty en la calle con su gran cicatriz en la cara, la gente recordaría el incidente. Los rivales de Curtis tendrían que pensarlo dos veces antes de poner en duda su jerarquía; había demostrado que era duro y hábil. Y a su personal le impresionó su sangre fría y la forma en que dio la vuelta a la situación. Comenzó a verlo entonces de otra manera, como alguien capaz de sobrevivir en esa jungla y digno de ser seguido.

Curtis continuó con actos parecidos, y poco a poco se elevó sobre los demás traficantes. Se ganó así la admiración de muchos jóvenes, los que pronto formarían el núcleo de un ferviente grupo de discípulos que le ayudarían a transitar a la música.

Tras el éxito de su primer álbum en 2003, Curtis (ya 50 Cent) empezó a hacer realidad su sueño de forjar un emporio. Pero a medida que éste cobraba forma en los meses y años posteriores, sintió que algo marchaba mal. Era lógico suponer que, con su fama y prestigio, quienes trabajaban para él lo seguirían sin chistar y harían lo que quisiera. Pero toda su vida había sido una lección de lo contrario: de que los demás siempre le restaban méritos, dudaban de su poder y lo desafiaban.

En ese entorno, sus ejecutivos y gerentes no pretendían quitarle el dinero o la vida, pese a lo cual le daba la impresión de que mermaban su poder, a fin de debilitar su imagen y volverla más predecible y corporativa. Si permitía que esto continuara, perdería su cualidad distintiva: la inclinación a correr riesgos y hacer lo inesperado. Quizá se convertiría en una inversión segura, pero dejaría de ser líder, y una fuerza creativa. En este mundo uno no puede dormirse en sus laureles: nombre, logros, cargo. Tiene que luchar para imponer su diferencia y convencer a la gente de seguirlo.

Todas estas ideas se volvieron penosamente claras en el verano de 2007. La aparición del tercer álbum de Fifty, *Curtis*, estaba prevista para septiembre, pero todos parecían aletargados. El sello discográfico, Interscope, actuaba como si el álbum fuera a venderse solo. El equipo de gerentes de Fifty había armado una campaña de mercadotecnia que a él le pareció demasiado insípida, pasiva y corporativa. Querían controlar demasiadas cosas. Una tarde de agosto, un empleado de G-Unit Records (el sello de Fifty en Interscope) le dijo que un video del disco por lanzar había sido filtrado a internet. Su difusión echaría a perder la bien orquestada presentación de canciones planeada para ese mes. Fifty fue el primero en enterarse y, tras pensar cómo proceder, decidió que era hora de librarse de esa dinámica, hacer lo impredecible y adoptar el papel del rey de los traficantes.

Reunió en su oficina a su equipo de radio e internet de G-Unit. En vez de contener la propagación viral del video —la reacción usual a un problema así, y justo lo que la gerencia defendería—, ordenó filtrarlo subrepticiamente a otras páginas y permitir que se extendiera como reguero de pólvora.

Juntos inventaron, además, el siguiente rumor, para consumo de los periodistas y el público: que cuando Fifty supo de la filtración, montó en cólera. Arrojó el teléfono con tal fuerza contra la ventana que la rompió. Arrancó de la pared el televisor de plasma y lo hizo añicos. En un arranque salió disparado del edificio, y lo último que se le oyó gritar fue que se desentendía de todo y se iba de vacaciones. Esa noche, por órdenes suyas, el jefe de mantenimiento del edificio tomó fotografías de los daños (montados con ese propósito), que luego se "filtraron" a internet. Había que mantener todo en secreto; ni siquiera la dirección debía saber que era una patraña.

En los días posteriores, Fifty vio satisfecho que ese rumor corría por todas partes. Interscope despertó. La gerencia acusó recibo del mensaje de que él ya estaba al mando; si Fifty se negaba a hacer más publicidad, como había amenazado con hacer, toda la campaña de la disquera estaría condenada al fracaso. Debía seguirlo y permitirle dar la pauta en la publicidad, lo que implicaba algo más suelto y agresivo. Entre los ejecutivos y empleados de Fifty corrió pronto la voz de lo que supuestamente había pasado; su fama de impredecible y violento cobró vida. Ahora, cada vez que lo veían en las oficinas sentían una punzada de temor. Más les valía poner atención a lo que quería si deseaban evitar el riesgo de testimoniar su ira. Ése era, además, justo el tipo de anécdotas que el público esperaba del rapero perdonavidas. Llamaba su atención. La gente podía reírse de sus excentricidades, sin percatarse de que, por dirigir la obra, Fifty era el último en reír.

La actitud del valiente

Cuando llegué a la cima de los negocios, me adapté a mi nueva posición: me volví más audaz y más loco. Y oía menos a quienes querían que avanzara despacio.
—50 Cent

A lo largo de la historia hemos presenciado este patrón: ciertas personas se distinguen de la multitud por una habilidad o talento especial. Pueden ser expertas en la intriga política, y saber cómo hechizar y conquistar a los aliados convenientes. O pueden tener conocimientos técnicos superiores en su campo. O quizá son las iniciadoras de un proyecto audaz y exitoso. Como sea, de repente se ven en posiciones de liderazgo, algo para lo que su experiencia y estudios no las prepararon.

Solos y en la cumbre, el grupo y la gente en general escudriñan todos sus actos y decisiones. Las presiones pueden ser intensas. E inevitablemente sucede que muchas de ellas sucumben de manera inconsciente a sus temores. Antes eran osadas y creativas, y ahora son cautas y conservadoras, al estar en conocimiento de que es más lo que está en juego. En el fondo asustadas de ser responsables del éxito del grupo, delegan en demasía, sondean las opiniones de todos o se abstienen de tomar decisiones difíciles. O bien, se vuelven dictatoriales e intentan controlarlo todo, otra señal de debilidad e inseguridad. Tal es el caso de los senadores distinguidos que se vuelven malos presidentes, los tenientes arrojados que se convierten en generales mediocres y los gerentes de alto nivel que resultan ser ejecutivos ineptos.

Pero en ese grupo hay, ineludiblemente, unos cuantos que revelan lo contrario: al ascender a un nuevo puesto, exhiben extraordinarias habilidades de liderazgo que nadie hubiera sospechado en ellos. A este grupo pertenecen individuos como Napoleón Bonaparte, Mahatma Gandhi y Winston Churchill. Lo que los une no es una habilidad o conocimiento misteriosos, sino una cualidad de carácter, un temperamento que deja ver la esencia de este arte. Son valientes. No temen tomar decisiones difíciles; antes bien, parecen disfrutar de esa responsabilidad. No se vuelven conservadores de pronto, sino que muestran una inclinación por la audacia. Exhiben mucho garbo bajo fuego.

Estos individuos terminan por entender de varias maneras que un líder posee un poder excepcional generalmente desaprovechado. Todo grupo tiende a asumir el espíritu y energía de quien lo dirige. Si esta persona es débil y pasiva, el grupo tenderá a dividirse en facciones. Si el líder carece de confianza en sí mismo, su inseguridad se filtrará línea abajo. Su nerviosismo e irritabilidad pondrán en tensión a todos. Sin embargo, siempre cabe la posibilidad opuesta. Un líder audaz, que se pone al frente y da pauta y agenda al grupo, propaga más energía y seguridad. Esta persona no necesita gritar o presionar a la gente; sus subordinados la siguen de buena gana, por ser fuerte e inspiradora.

En la guerra, donde las habilidades de liderazgo son más evidentes y necesarias porque hay vidas en juego, pueden distinguirse dos estilos de dirección: desde atrás o al frente. Al general del primer tipo le gusta permanecer en su tienda de campaña o cuartel y dar órdenes a grandes voces, convencido de que ese distanciamiento le facilita dirigir. Este estilo también puede implicar la participación de tenientes y otros generales en las decisiones importantes, o dirección colectiva. En ambos casos, el comandante trata de librarse de escrutinios, responsabilidades y peligros. Sin embargo, los más grandes generales de la historia son, invariablemente, los que se ponen al frente, solos. Sus tropas los ven a la cabeza del ejército, expuestos al mismo destino que un soldado de infantería. El duque de Wellington aseguró que la mera aparición de Napoleón a la cabeza de su ejército se traducía en el equivalente a cuarenta mil hombres adicionales. Una especie de carga eléctrica recorre entonces la tropa: el general comparte sus sacrificios, pone el ejemplo. Esto tiene connotaciones casi religiosas.

Esos dos estilos se advierten también en los negocios y la política. Los ejecutivos que dirigen desde atrás siempre intentarán disfrazar esto como virtud: la necesidad de reserva, o su deseo de ser más justos y democráticos. Pero en realidad ese estilo es producto del temor, e invariablemente conduce a la falta de respeto por parte de los subordinados. El estilo opuesto, dirigir al frente y poner el ejemplo, ejerce igual poder en la oficina que en el campo de batalla. Los líderes que trabajan más que nadie, practican lo que predican y no temen la responsabilidad de tomar decisiones difíciles o correr riesgos; descubren que han creado un depósito de respeto que más tarde les rendirá grandes dividendos. Podrán pedir sacrificios, castigar a los alborotadores y cometer ocasionales errores sin enfrentar las murmuraciones y dudas usuales. No tienen necesidad de gritar, quejarse y forzar a su gente a seguirlos. Ésta lo hace en forma voluntaria.

En medios urbanos como Southside Queens, el respeto es muy importante. En otros sitios, la historia, estudios o currículum personales pueden conceder cierta autoridad y credibilidad, pero no en el barrio. Aquí, todos parten de cero. Para ganarse el respeto de los demás, deben demostrar repetidas veces lo que valen. La gente tiende a dudar continuamente de las capacidades y poder de sus semejantes. Éstos tienen que demostrar una y otra vez que poseen lo necesario para prosperar y perdurar. Grandes palabras y promesas no significan nada; lo único que pesa son los actos. Quien, por duro que parezca, es auténtico, se ganará el respeto de los demás; ellos se harán a un lado, y la vida será mucho más fácil para él.

Ésta debería ser tu perspectiva. Comienzas sin nada en este mundo. Si heredas títulos, dinero o privilegios, en realidad heredas estorbos. Te hacen creer que se te debe respeto. Si insistes en imponer tu voluntad en razón de esos privilegios, la gente acabará por desdeñarte y menospreciarte. Sólo con tus actos puedes demostrar lo que vales. Le dirán a la gente quién eres. Imagina que en todo momento se te reta a demostrar que mereces la posición que ocupas. En una cultura rebosante de falsificaciones y oropel, destacarás como una persona auténtica y digna de respeto.

Los grandes líderes de la historia inevitablemente aprendieron por experiencia esta lección: es mejor ser temido y respetado que amado. Un buen ejemplo de ello es el director de cine John Ford, realizador de algunas de las mejores películas en la historia de Hollywood. La tarea de los directores de cine puede ser particularmente difícil. Deben lidiar con un numeroso equipo de rodaje, actores de ego delicado y productores dictatoriales que quieren meterse en todo, mientras tienen estrictos límites de tiempo y grandes sumas de dinero en juego. Así, suelen ceder terreno en esos diversos campos de batalla: apaciguar y engatusar a los actores, dejar que los productores se salgan aquí y allá con la suya, obtener algo de cooperación mostrándose simpáticos y amables.

Ford era sensible y empático por naturaleza; pero aprendió que si revelaba este lado de su carácter, perdería el control del producto final. Actores y productores empezarían a imponerse, y la película perdería toda cohesión. Notó que los directores afables no duraban mucho; todos los mangoneaban, y sus películas eran malísimas. Así, desde el inicio de su carrera decidió hacerse una máscara de hombre implacable, e incluso amedrentador.

En el set dejaba en claro que no era el divo habitual. Trabajaba más que nadie. Si rodaba en locaciones inhóspitas, dormía en una tienda como los demás y compartía su mala alimentación. En varias ocasiones se peleó a puñetazos en el foro, sobre todo con sus actores principales, como John Wayne. Estos pleitos no eran mera apariencia, sino reales; en ellos ponía todas sus fuerzas, y obligaba a los actores a defenderse con igual vigor. Esto daba la pauta a seguir: un actor tendía a avergonzarse si adoptaba sus remilgos y berrinches de costumbre. A todos se les trataba igual. Hasta el archiduque de Austria –quien intentó forjarse una carrera como actor en Hollywood– recibió gritos de Ford, quien, además, lo empujó a una zanja.

Ford tenía un modo excepcional de dirigir a los actores. Decía apenas unas cuantas palabras, bien escogidas, sobre lo que quería de ellos. Si en el set no hacían lo correcto, los humillaba enfrente de todos. Ellos aprendían rápido a poner atención a lo poco que decía y a su lenguaje corporal en el foro, a menudo más expresivo. Tenían que concentrarse más y dar más de sí en el papel. Una vez, el famoso productor Samuel Goldwyn llegó de visita al set y explicó a Ford que sólo quería verlo trabajar (medio del que se valían los productores para espiar y ejercer presión). El director no dijo nada. Pero al día siguiente fue a visitar a Goldwyn a su oficina, y se sentó en silencio en una silla junto a su escritorio mientras lo miraba. Un rato después, Goldwyn preguntó exasperado qué hacía. "Sólo quería verlo trabajar", contestó Ford. Goldwyn no volvió a visitarlo en el set, y aprendió a darle su espacio.

Todo esto tenía un efecto extraño y paradójico en el reparto y el equipo técnico: les fascinaba trabajar con Ford, y se morían por obtener un sitio en el selecto grupo convocado de nuevo. Ford tenía normas tan estrictas que todos se veían obligados a trabajar más; él hacía de ellos mejores actores y técnicos. Una ocasional delicadeza o cumplido de su parte tenía un peso enorme, y se recordaba toda la vida. El resultado de su rigor y dureza era que ejercía más control sobre el producto final que casi cualquier otro director, y sus películas eran sistemáticamente de la más alta calidad. Nadie se atrevía a desafiar su autoridad, y durante más de cuarenta años fue el rey de los westerns y las películas de acción de Hollywood, logro sin precedente en la industria.

Comprende: ser líder suele suponer tomar decisiones difíciles, conseguir que la gente haga cosas contra su voluntad. Si, por temor a disgustar, eliges un estilo de liderazgo suave, grato y dócil, tendrás cada vez menos margen para forzar a la gente a trabajar más o a hacer sacrificios. Si de repente tratas de ser enérgico, se sentirá herida y molesta. Podría pasar del amor al odio. El método contrario da el resultado opuesto. Si te haces fama de estricto y eficiente, quizá ofendas a los demás, pero sentarás una base de respeto. Mostrarás cualidades de liderazgo genuinas, elocuentes para todos. Con el tiempo y una autoridad sólida, podrás ceder y recompensar a la gente, e incluso ser amable con ella. Este gesto se juzgará auténtico, no un intento de agradar, y tendrá doble efecto.

Claves para la valentía

Porque es regla general de la naturaleza humana que la gente desprecie a quienes la tratan bien y admire a quienes no hacen concesiones.

—Tucídides

Hace miles de años, nuestros antepasados más primitivos formaban grupos para tener poder y protección. Pero al crecer, esos grupos topaban con un problema de la naturaleza humana que nos agobia hasta la fecha. Los individuos tienen niveles diferentes de talento, ambición y seguridad en sí mismos; sus intereses no necesariamente convergen en todos los puntos. Cuando deben tomarse las decisiones importantes de las que depende el destino de la tribu, sus miembros tenderán a pensar en sus propios y restringidos asuntos. Un grupo de seres humanos siempre está al borde del caos, de la divergencia de intereses.

Por eso se eligieron líderes, para que tomaran las decisiones difíciles y pusieran fin al desacuerdo. Pero fue inevitable que los integrantes de la tribu tuvieran sentimientos encontrados hacia sus líderes. Sabían que éstos eran necesarios y que ellos debían respetar su autoridad, pero temían que sus jefes y reyes acumularan demasiado poder y los oprimieran. Con frecuencia se preguntaban por qué una persona o familia particular merecía tan elevada posición. En muchas culturas antiguas se daba muerte ritual al rey tras unos años, para asegurar que no fuese opresor. En civilizaciones antiguas más avanzadas, había constantes rebeliones contra quienes ocupaban el poder, mucho más intensas y numerosas que las de la época moderna.

Entre los líderes de la antigüedad que tuvieron que vérselas con esas dificultades sobresale Moisés. Este hombre fue elegido por Dios para librar a los hebreos de la esclavitud en Egipto y conducirlos a la Tierra Prometida. Pese a que los hebreos sufrían en Egipto, tenían relativa seguridad. Moisés los arrancó de esa vida predecible y los llevó a errar durante cuarenta años en el desierto, donde la falta de comida, techo y comodidades básicas fueron su tormento. Dudaban sin cesar de Moisés, e incluso terminaron por odiarlo; algunos conspiraron para darle muerte, como al rey que se debía sacrificar. Lo veían como un opresor demente. Para contribuir a su causa, Dios hacía milagros periódicos, para demostrar que Moisés había sido elegido y bendecido, pero esos milagros se olvidaban pronto y los hebreos volvían a su obstinación y quejas interminables.

Para vencer los obstáculos aparentemente insuperables en su camino, Moisés recurrió a una solución singular. Unió a las doce tribus, permanentemente divididas, alrededor de una causa simple: un Dios por venerar, y la meta alcanzable de llegar a la Tierra Prometida. No buscaba poder ni gloria, sólo guiar a esas tribus a tan deseada meta. No podía darse el lujo de ausentarse un par de días o relajar su liderazgo. Las tribus no dejaban de dudar de él y olvidarse de la situación general, la razón de su sufrimiento. La palabra hebrea que significa "guiar" equivale a ponerse al frente, conducir. Moisés tenía que estar siempre a la vanguardia, unificando a las tribus en torno a su visión de la Tierra Prometida. Esto suponía ser implacable con los disidentes, y quitar la vida a familias enteras si se interponían en el camino de la causa primordial.

En esencia, Moisés aprendió a desempeñar un papel ante los hebreos: el de un hombre poseído por una visión divina, de espíritu indomable y movido por un bien superior. Cualquier miembro de las tribus se habría preguntado si la Tierra Prometida no era algo que sólo existía en la mente de Moisés. Pero la convicción de éste y su determinación de llevar a su pueblo a la Tierra Prometida hacían difícil dudar de él. Moisés tuvo que adueñarse de ese papel para convencer a los suyos de que su elevada posición era legítima y estaba sancionada por Dios. Su aptitud para dirigir por cuarenta años a ese rebelde grupo debe considerarse la mayor proeza de liderazgo en la historia.

Los modernos creemos estar muy lejos de nuestros orígenes tribales primitivos. Después de todo, vivimos en un mundo secular y racional. Hoy un líder debe poseer ciertas habilidades técnicas y administrativas. Pero tres mil años de civilización no han alterado la naturaleza humana, y de hecho las incontables dificultades que abrumaron a líderes como Moisés se han agudizado. Quizá antes pensábamos primero en la tribu, pero ahora pensamos principalmente en nosotros mismos, nuestra carrera y nuestros estrechos intereses. La política de oficina es el colmo de esta tendencia.

Hoy estamos más distraídos que nunca, pues miles de datos compiten por nuestra atención en el curso de un solo día. Esto nos vuelve impacientes y menos capaces de ver el panorama general. Si se nos sacara de la esclavitud, no nos concentraríamos en la Tierra Prometida más que unos minutos. Y somos todavía más escépticos de quienes tienen autoridad. Aún sentimos esa antigua ambivalencia frente a los gobernantes; pero en lugar de sacrificarlos, los arrojamos a la prensa y gozamos en secreto su caída. Hoy ser líder significa vencer esos aspectos de la naturaleza humana sin dejar de parecer justo y decente, una tarea casi imposible.

Al mismo tiempo, la gente siente que esa ambigüedad y ese egoísmo son un fenómeno deprimente. Está desesperada por creer en una causa, trabajar en beneficio del bien superior, seguir a un líder que la haga embeberse de un propósito. Es más que receptiva al liderazgo casi religioso personificado por Moisés. Cuando estás arriba, debes librarte de tus prejuicios modernos, de tu fetichismo por los medios técnicos. Ser líder continúa significando desempeñarse al frente, impulsar al grupo con osadía. Si no unes a tus seguidores alrededor de una causa gloriosa, equivalente a la Tierra Prometida, tendrás que presionarlos, divididos constantemente en facciones. Adopta en cambio un aire profético, como si se te hubiera elegido para guiarlos a una meta elevada. Los convencerás así de marchar tras de ti por voluntad propia, y harás una demostración no tanto de poder personal como de la causa que los une. Esto te dará autoridad para dirigirlos, y un aura de poder.

Para dominar el arte del liderazgo debes interpretar ciertos papeles que impresionen a tus discípulos y vuelvan más probable que te sigan con el entusiasmo necesario. A continuación los cuatro principales papeles que tienes que aprender a desempeñar.

EL VISIONARIO

A principios del siglo xx se consideraba a Thomas Alva Edison el principal inventor y científico de Estados Unidos. De sus laboratorios de investigación salían algunos de los adelantos tecnológicos más importantes de la época. Pero la verdad es que Edison sólo contaba con unos cuantos meses de educación formal y no era científico en absoluto. Era más bien una mezcla de visionario, estratega y astuto hombre de negocios.

Su método era simple: recorría el mundo en busca de los más recientes avances en ciencia y tecnología. Dado su conocimiento de los negocios y las últimas tendencias sociales, pensaba con detenimiento cómo convertir algunos de esos avances en productos de gran atractivo comercial, que cambiaran el modo de vida de la gente: electricidad que alumbrara ciudades, mejores teléfonos que alteraran el curso del comercio, películas que entretuvieran a las masas. Luego contrataba a las mejores mentes en esos campos para que dieran vida a sus ideas. Todos los productos que salían de su laboratorio llevaban infaltablemente impresos su particular visión y sentido comercial.

Entiende: un grupo de cualquier tamaño debe tener metas y objetivos a largo plazo para funcionar de manera apropiada. Pero la naturaleza humana es un gran obstáculo. Es natural que nos consuman las batallas y problemas inmediatos; nos resulta muy difícil, si no es que artificioso, pensar atentamente en el futuro. Prever requiere un proceso mental particular que implica práctica. Significa visualizar con varios años de anticipación algo útil y realizable, y hacer un croquis para llegar a esa meta. Pensar en las ramificaciones, a fin de dar con varias rutas para llegar ahí, dependiendo de las circunstancias. Aferrarse emocionalmente a la idea, para que cuando miles de distracciones e interrupciones parezcan desviarte de tu curso, tengas la fuerza y motivación necesarias para mantenerte en él.

Sin una persona arriba que trace el camino hacia esa gran meta, el grupo irá de aquí para allá en pos de planes de dinero fácil, o movido por las limitadas aspiraciones políticas de alguno de sus miembros. Pero nunca hará nada importante. Como líder, tú eres el único bastión contra esa errancia sin fin. Debes tener fuerza para imprimir tu personalidad y visión en el grupo, dándole así sustancia e identidad. Si pierdes de vista el panorama general, obtendrás malos resultados.

Ejerce el papel de visionario con cierto dejo dramático, como Edison, que era un intérprete y promotor consumado. Presentaba sus ideas en forma deslumbrante, y organizaba eventos que lo llevaran a las primeras planas de los diarios. Como Moisés al describir la Tierra Prometida, ofrecía un cuadro tentador del futuro que sus inventos ayudarían a crear. Esto atraía dinero de los inversionistas, e inspiraba a sus investigadores a trabajar aún más. Tu entusiasmo y fe en ti mismo convencerán a la gente de que sabes adónde vas y debe seguirte.

EL UNIFICADOR

Al subir al trono de Francia en 1661, Luis XIV heredó una situación casi insostenible. Duques y señores feudales mantenían un férreo control de sus territorios. Ministros recientes como el duque de Richelieu y el cardenal Mazarino habían tomado casi todas las decisiones importantes que estaban fuera del control de esos señores. El rey era, en esencia, una figura decorativa, que presidía un país sumamente fracturado cuyo poder en Europa decaía desde tiempo atrás.

Luis XIV estaba decidido a cambiar todo eso, y su método fue drástico e imponente. Al principio guardó sus intenciones para sí, pero anunció de súbito que no nombraría un ministro a cargo del país; en adelante, esa tarea sería suya. Después ordenó a la aristocracia fijar su residencia en el palacio de Versalles, que acababa de construir. Entre más cerca viviera de él en el palacio, más influencia tendría; si permanecía en sus ducados para conspirar contra el rey, quedaría aislada del nuevo centro de poder que él había creado.

Sin embargo, su maniobra más brillante fue la más sutil. Produjo una causa en la que el pueblo creyera: la grandeza y gloria de Francia, cuya misión era ser el centro de la civilización y el refinamiento, el modelo de toda Europa. Con este propósito involucró a su país en varias guerras para extender su poderío político. Se convirtió en el mayor mecenas, lo que hizo de Francia la envidia cultural de Europa. Creó espectáculos impresionantes, para deleitar a la gente y distraerla de sus maniobras. La nobleza no combatía por el rey, sino por la grandeza de la nación. De esta manera, Luis XIV transformó un país dividido, casi caótico, en la suprema potencia europea.

Comprende: la dinámica natural de un grupo es escindirse en facciones. La gente desea proteger y promover sus intereses propios, así que establece alianzas políticas internas. Si la obligas a unirse bajo tu liderazgo, aplastando sus facciones, quizá tomarás el control, pero generarás mucho resentimiento; lógicamente, sospechará que acrecientas tu poder a sus expensas. Si no haces nada, te verás rodeado de señores y duques que harán imposible tu labor.

Un grupo necesita una fuerza centrípeta que le dé unidad y cohesión, pero no basta con que esa fuerza sea la de tu personalidad. Debe ser una causa que tú personifiques temerariamente. Podría ser política, ética o progresista; te empeñas en mejorar la vida de la gente de tu comunidad, por ejemplo. Esta causa eleva a tu grupo sobre los demás. Tiene un aura casi religiosa, inspira una sensación como de culto. Así, combatirte o dudar de ti es estar contra esa causa y parecer egoísta. Imbuido de este sistema de creencias, el grupo tenderá a vigilarse solo y a erradicar a los alborotadores. Para desempeñar este papel en forma eficaz, debes ser un ejemplo viviente de esa causa, así como en su muy estudiada conducta Luis XIV ejemplificaba el poder civilizador de Francia.

EL MODELO A SEGUIR

No puedes dominar tú solo a un grupo grande. Te convertirás en microcontrolador o dictador, lo que te agotará y te volverá odioso. Debes desarrollar un equipo de lugartenientes impregnados de tus ideas, espíritu y valores. Una vez con él, podrás darle margen para operar con independencia de ti, aprender por sí mismo y aportar su creatividad a la causa.

Napoleón Bonaparte fue el iniciador de este sistema, luego imitado por los principales generales de la época moderna. Daba a su mariscales de campo una idea clara de las metas de una campaña o batalla particular, lo que ahora se conoce como "declaración de objetivos". Después los autorizaba a cumplir esas metas solos, a su manera. Lo único importante eran los resultados. Esto se basaba en el concepto de que quienes combaten en el terreno suelen tener mejor noción de lo que debe hacerse en el aquí y ahora; tienen más información que el líder. Con cierto grado de confianza en sus decisiones, pueden actuar pronto y sentirse más comprometidos en la ejecución de la guerra. Este revolucionario sistema permitió al ejército de Napoleón desplazarse más rápido y cultivar un equipo de mariscales de campo brillantes y experimentados. De parte de Napoleón implicó gran valor confiar en ellos y no intentar controlarlo todo en el campo de batalla.

Operar con una declaración de objetivos es un modo efectivo de atenuar tu imagen y ocultar el alcance de tu poder. Se te ve como algo más que un líder: eres un modelo a seguir, que instruye, tonifica e inspira a sus lugartenientes. Al formar tu equipo, busca a personas que compartan tus valores y estén dispuestas a aprender. No te dejes seducir por un currículum impactante. Necesitas que ellas estén cerca de ti, que se impregnen de tu espíritu y manera de hacer las cosas. Cuando creas que ya tienen la preparación adecuada, no temas soltar las riendas y darles más independencia. A la larga, esto te ahorrará mucha energía y te permitirá seguir concentrado en el gran panorama estratégico.

EL CABALLERO INTRÉPIDO

Un grupo posee una suerte de energía colectiva, y abandonado a sus recursos tenderá a la inercia. Esto resulta del fuerte deseo de la gente de que todo sea cómodo, fácil y conocido. Con el tiempo, en un grupo las convenciones y el protocolo adquieren creciente importancia, y rigen la conducta de la gente. Entre mayor sea el grupo, tenderá a ser más conservador, y la inercia será más intensa. La paradoja es que esta postura pasiva y defensiva tiene un efecto depresor sobre la moral, de la misma manera en que permanecer mucho tiempo en un lugar te baja el ánimo.

Es muy probable que hayas llegado a la cima en virtud de tu intrepidez y hondo deseo de avanzar. Corriste riesgos que te pusieron a la altura de las circunstancias, con toda tu energía y creatividad, y este espíritu valiente atrajo atención positiva. Naturalmente, la inercia grupal tenderá a apisonar todo eso y a neutralizar la fuente de tu poder.

Como eres el líder, puedes alterar esta situación e imponer un ritmo más activo y vivaz. Sigue siendo el caballero intrépido y emprendedor. Oblígate a iniciar nuevos proyectos y conquistar otros dominios; adelanta medidas contra posibles peligros en el horizonte; toma la iniciativa contra tus rivales. Mantén tu grupo en marcha y a la ofensiva. Esto lo motivará y le hará sentir que avanza. No corras riesgos innecesarios; sólo da una pizca de agresividad a tu grupo, normalmente estático. Se habituará a verte al frente, y se volverá adicto a la emoción que le brindas con cada nueva campaña.

Cambio de perspectiva

Vivimos tiempos de mucha desconfianza hacia toda forma de autoridad. Esto se deriva en parte de la envidia por quienes tienen poder y han logrado algo. Pero también de experiencias con personas que abusan de su posición para salirse con la suya. En cualquier caso, esa desconfianza vuelve cada vez más difícil ser un líder fuerte y eficaz. Bajo el influjo de esta fuerza niveladora, podrías sentirte tentado a actuar con menos autoridad, a asemejarte más a los demás o a agradar. Pero esto sólo dificultará tu tarea. Es mejor que veas el concepto de autoridad bajo una nueva luz.

El término "autoridad" procede del latín *autore*, "autor", una persona que crea algo nuevo. Puede ser una obra de arte, una nueva forma de operar en el mundo o nuevos valores. La salud de una sociedad depende de quienes le infunden esas innovaciones. Tales obras o actos dan a sus responsables credibilidad y autoridad para hacer más. El general romano Escipión el Africano inventó un nuevo estilo de guerra en la campaña contra Aníbal, que fue sumamente exitoso. Esto le dio autoridad para dirigir esa campaña, así como para emprender más tarde una carrera política. Para los romanos, actuar sencillamente como si la posición ocupada concediera ciertas facultades hacía perder autoridad. Ya no se era autor, colaborador, sino un consumidor pasivo de poder.

Debes concebirte como líder. Eres autor de un nuevo orden, del nuevo acto de un drama. Jamás te duermas en tus laureles o pasados logros. Actúa siempre de manera que tu grupo avance y obtenga resultados positivos; este historial hablará por sí solo. Pese al espíritu de la época, en el fondo las personas anhelan ser guiadas con mano firme por alguien que sabe adónde va. Es angustiante sentirse siempre distraído y a la deriva. Los miembros de tu grupo te otorgarán el respeto y autoridad que requieres si sabes ganártelos como autor y creador. Si en definitiva la gente desconfía y se resiste a tu autoridad, la culpa será sólo tuya.

> Un ilustre comandante sin arrojo es impensable. Ningún hombre que no sea [...] intrépido puede desempeñar dicho papel, y por eso consideramos esta cualidad el primer prerequisito del gran líder militar. Cuánto resta de ella cuando él accede a un puesto de alto rango, una vez que la instrucción y la experiencia la han afectado y modificado, es otro asunto. Cuanto más alto es el grado en que la conserva, mayor es el alcance de su genio.
>
> —Carl von Clausewitz

CAPÍTULO 7

Conoce perfectamente tu entorno: Contacto

La mayoría piensa primero lo que quiere expresar o hacer y luego busca un público para su idea. Tú debes hacerlo al revés y pensar primero en el público. Fíjate en sus nuevas necesidades, en las tendencias que le atraen. Al comenzar por su demanda, crearás la oferta adecuada. No temas las críticas de la gente; sin esa retroalimentación tu trabajo sería demasiado personal y delirante. Mantén la relación más estrecha posible con tu entorno, para que "sientas" lo que pasa a tu alrededor como si te pasara a ti. Jamás pierdas contacto con tu base.

La economía del barrio

Supe que la gente del gueto comprendía que jamás dejé en espíritu el gueto, y que nunca lo dejé físicamente más que cuando tuve que hacerlo. Poseía un instinto de gueto; por ejemplo, sabía si en un público del gueto la tensión era mayor de lo normal. Y hablaba y entendía el idioma del gueto.

—Malcolm X

Al iniciarse como traficante de drogas a los doce años de edad, Curtis Jackson se vio frente a un mundo desconocido que contenía toda clase de peligros. El lado comercial del oficio era relativamente fácil de entender. Lo difícil era la gente, los diversos actores en escena: los conectes rivales, los traficantes estrella, la policía. Pero el mundo más extraño e impenetrable de todos era el de los consumidores, la clientela de la que dependía el negocio. Su conducta podía ser imprevisible, y aun francamente alarmante.

En cuanto a los conectes rivales y la policía, Curtis podría conocer su manera de pensar, porque operaban con cierto grado de racionalidad. Pero los adictos parecían dominados por sus necesidades, y podían ponerse hostiles o violentos en cualquier momento. Muchos traficantes habían desarrollado fobia por sus clientes. Veían en ellos las debilidades y dependencia que podían aquejar a quien sucumbiera a la adicción. El conecte confía en su agudeza mental; coquetear siquiera con el consumo de drogas podía destruir esa facultad, y hacerlo caer en la resbalosa cuesta de la dependencia. Si convivía demasiado con los adictos, podía hacerse consumidor. Curtis entendía esto y guardaba distancia de ellos, pero este aspecto del oficio le incomodaba.

Una vez los adictos dieron en evitarlo, sin que supiera por qué. Sólo sabía que no podía vender una tanda recibida a consignación. Esto consistía en aceptar droga gratis de un conecte de arriba; vendido el lote, se le pagaba lo acordado, y lo demás era ganancia. Pero esta vez parecía que él no ganaría ni siquiera lo suficiente para pagar. Eso podía dañar su reputación y causarle todo tipo de problemas; quizá hasta tendría que robar para conseguir el dinero.

Desesperado, se puso a trabajar como loco, día y noche, ofreciendo toda suerte de descuentos, lo que fuera, con tal de deshacerse de la droga. Logró pagar justo lo requerido y se salvó de milagro. Tal vez esa tanda era de mala calidad, pero ¿cómo habría podido saberlo, y cómo podía evitar que eso le volviera a ocurrir?

Un día buscó el consejo de Dre, un conecte mayor con mucho tiempo de traficar en las calles. Se le tenía por negociante astuto (había estudiado economía en la cárcel) y parecía entenderse muy bien con los adictos. Dre le explicó que la experiencia le había enseñado que existen dos tipos de traficantes: los que se quedan afuera y los que me meten hasta el fondo. Los de afuera nunca se toman la molestia de conocer a sus clientes. Para ellos todo se reduce a dinero y números. No tienen ninguna noción de psicología ni de las sutilezas de las necesidades y demandas de la gente. Les da miedo acercarse demasiado al consumidor; eso podría obligarlos a reevaluar sus métodos e ideas. El traficante superior se mete hasta el fondo. No teme a los adictos; quiere saber qué les pasa por la cabeza. Los consumidores de drogas no son diferentes a las demás personas. Tienen fobias, y rachas de aburrimiento, y vida interior. "Si te quedas afuera", le dijo a Curtis, "no ves nada de eso, y tu trabajo es puramente mecánico y sin vida".

"Para mejorar", le explicó, "tienes que poner en práctica uno de los trucos más viejos de este oficio: la prueba. Cada vez que recibas un lote, separa una parte para regalarla a algunos de tus clientes. Ellos te dirán de inmediato si el material es bueno o malo. Si su reacción es positiva, correrán la voz en sus redes, información creíble por venir de otro consumidor, no de un conecte que promueve su mercancía. Si es negativa, tendrás que aguantar y buscar cómo moderarla, ofreciendo 'ilusiones' (ventas de aparente dos por uno, con cápsulas rellenas de polvo) o lo que sea necesario para que la tanda se acabe. Pero opera siempre con comentarios sobre la calidad de tu producto. Si no, no sobrevivirás en las calles."

"Cuando eches a andar este sistema, úsalo para cultivar tus relaciones con tus clientes más confiables. Te darán valiosa información sobre cambios en los gustos. Hablar con ellos te dará muchas ideas de planes de mercadotecnia y nuevos métodos de trabajo. Tendrás una noción de cómo piensan. Con eso, tu trabajo será creativo y lleno de posibilidades."

Curtis adoptó de inmediato este sistema, y pronto descubrió que los adictos no eran en absoluto como los había imaginado. Eran imprevisibles sólo cuando se les trataba de manera incoherente. Valoraban la comodidad y las transacciones rápidas, querían algo nuevo de vez en cuando y les encantaban los arreglos de cualquier tipo. Gracias a esta serie creciente de conocimientos, Curtis pudo sacar partido a las necesidades de los adictos y manipular su demanda. Descubrió algo más: que como pasaban mucho tiempo en la calle, eran una fuente de información excelente sobre la policía o las debilidades de conectes rivales. Estar tan bien enterado del barrio dio a Curtis una sensación de inmenso poder. Luego trasladaría esta estrategia a la música y la promoción de sus grabaciones en las calles de Nueva York. Manteniendo contacto estrecho con los gustos de sus fans, adecuaría su música a las reacciones de ellos y crearía un ritmo atractivamente visceral como no habían oído nunca antes.

El extraordinario éxito de sus dos primeros álbumes comerciales llevó a Curtis (ya 50 Cent) a la cima del mundo de la música, pero en su nuevo entorno estaba perdiendo su sensación de contacto vital, tan importante en las calles. Lo rodeaban aduladores que querían pertenecer a su séquito o gerentes y gente de la industria que sólo veían en él un signo de dólares. Sus principales interacciones ocurrían con personas del mundo corporativo u otras estrellas. Ya no podía vagar por la calle ni conocer de primera mano las nuevas tendencias. Todo esto quería decir que iba a ciegas en su música, sin saber si seguía en contacto con el público. Éste era la fuente de su temple y energía, pero de él lo separaba una distancia cada vez mayor. Eso no parecía preocupar a otras estrellas; de hecho, les agradaba vivir en la burbuja de la celebridad. Tenían miedo de volver a poner los pies sobre la tierra. Fifty sentía lo contrario, pero su situación parecía no tener salida.

Sin embargo, a principios de 2007 decidió iniciar su página en internet. La concibió como un medio para comercializar su música y hacer ventas directas al público, sin la interferencia de su sello discográfico, que había resultado muy torpe para adaptarse a la era del ciberespacio. Su página se transformó pronto en una red social, una especie de Facebook para sus fans; y entre más hurgaba en ella, más se convencía de que representaba mucho más que un recurso de mercadotecnia: era tal vez la mejor herramienta para volver a estar en contacto con su público.

Primero, decidió experimentar. Mientras se preparaba para lanzar un disco en G-Unit en el verano de 2008, filtró una de las canciones a su página una noche de viernes, y al día siguiente consultó varias veces la sección de comentarios para seguir las reacciones del público. Tras cientos de comentarios quedó claro que el veredicto era negativo. La canción era demasiado suave, sentenciaron los fans; querían y esperaban algo más fuerte de un disco de G-Unit. Tomándose en serio esas críticas, Fifty archivó ese tema y pronto sacó otro, con el intenso sonido exigido. Esta vez la respuesta fue abrumadoramente positiva.

Eso demandó más experimentos. Fifty ofreció el sencillo más reciente de su archienemigo, *The Game*, suponiendo que leería comentarios negativos de sus fans. Para su sorpresa, la canción gustó a muchos. Se enfrascó en un debate en línea con ellos, y abrió bien los ojos a cambios en los gustos y al motivo de que su música hubiera podido dejar de agradar. Esto lo obligó a replantear su rumbo.

Para atraer más personas a su página, decidió eliminar la distancia en ambas direcciones. Publicó *blogs* sobre sus asuntos personales, y respondía los comentarios de sus fans. Éstos sintieron que tenían total acceso a él. Usando los últimos adelantos de la tecnología telefónica, llegó más lejos aún, haciendo que su equipo lo filmara hablando con sus fans por teléfono celular dondequiera que iba; las imágenes se transmitían en vivo en su página. Esto generó intenso tráfico y chateo en línea; los fans no sabían cuándo podían ocurrir esas transmisiones, así que tenían que hacer revisiones regulares para poder atrapar esos momentos espontáneos, a veces fascinantes en su trivialidad y acentuados otras por el don de Fifty para la confrontación. El número de visitantes aumentó a pasos agigantados.

Al evolucionar, la página de Fifty acabó por parecerse curiosamente al mundo de conecte que él había creado en las calles de Southside Queens. Podía ofrecer pruebas (de canciones) a sus fans —quienes eran como los adictos, siempre ansiosos de sus nuevos productos—, y obtener reacciones inmediatas sobre su calidad. Podía hacerse una idea de lo que buscaban y de cómo manipular su demanda. Se había metido hasta el fondo, y su merodeo cobró nueva vida, esta vez a escala global.

La actitud del valiente

El público nunca se equivoca. Cuando la gente no responde a lo que haces, te habla claro. Sólo que tú no la oyes.
                                                                —50 Cent

Todos los seres vivos dependen para su sobrevivencia de la relación con su entorno. Si son particularmente sensibles al cambio —un peligro o una oportunidad—, son más capaces de dominar su derredor. No es simplemente que el halcón pueda ver más lejos que cualquier otro animal, sino que además puede hacerlo con extremo detalle, y captar la menor alteración en el paisaje. Sus ojos le brindan gran sensibilidad y destreza suprema para cazar.

Nosotros vivimos en un entorno predominantemente humano. Consta de las personas con las que interactuamos todos los días. Estos seres humanos proceden de muy diversos medios y culturas. Son individuos con experiencias únicas. El conocer bien a la gente –sus diferencias, sus matices, su vida emocional– nos daría una maravillosa sensación de contacto y poder. Sabríamos cómo abordarla, cómo comunicarnos más efectivamente con ella y cómo influir en sus actos. Pero con frecuencia nos quedamos afuera y carecemos de ese poder. Ponernos en contacto con nuestro entorno significaría, en este caso, salir de nosotros mismos y fijar la vista en la gente, pero demasiado a menudo preferimos encerrarnos en nuestros sueños e ideas. Nos empeñamos en que todo en el mundo sea simple y conocido. Nos volvemos insensibles a las diferencias de las personas, a los detalles que las hacen individuos.

En el fondo de este retraimiento y separación hay un miedo enorme, uno de los primordiales entre los conocidos por el hombre, y quizá el menos comprendido. Al principio, nuestros ancestros primitivos formaron grupos en busca de protección. Para generar una sensación de cohesión, establecieron todo tipo de códigos de conducta, tabús y rituales compartidos. También crearon mitos, en los que su tribu se consideraba la preferida de los dioses, elegida para un gran propósito. Ser miembro de la tribu equivalía a ser purificado por rituales y favorecido por los dioses. Quienes pertenecían a otros grupos tenían rituales y sistemas de creencias desconocidos, sus propios dioses y mitos originarios. No eran puros. Representaban lo Otro: algo oscuro y amenazador, y un desafío a la sensación de superioridad de la tribu.

Esto formó parte de nuestra constitución psicológica durante miles de años. Y se convirtió en un inmenso temor a otras culturas y maneras de pensar; lo que para los cristianos significaban todos los paganos. Pese a milenios de civilización, tal cosa perdura en nosotros hasta la fecha, en forma de un proceso mental por el que dividimos el mundo en conocido y desconocido, puro e impuro. Desarrollamos ciertas ideas y valores; socializamos con los que comparten esos valores, quienes forman parte de nuestro círculo íntimo, nuestra camarilla. Componemos facciones de creencias rígidas: de derecha, de izquierda, para esto o aquello. Vivimos encerrados en nosotros, siempre con los mismos pensamientos e ideas, protegidos del mundo exterior.

Cuando nos vemos frente a individuos con valores y sistemas de creencias diferentes, nos sentimos amenazados. Nuestra primera reacción no es comprenderlos sino satanizarlos: ese Otro impreciso. O bien, optamos por verlos con el prisma de nuestros valores y suponer que los comparten. Convertimos mentalmente al Otro en algo conocido: "Tal vez su cultura sea distinta, pero tiene que gustarle lo mismo que a nosotros". Así, nuestra mente no se presta a comprender, a ser sensible al matiz. Todo debe ser blanco o negro, puro o impuro.

Entiende: el enfoque contrario es la vía al poder en este mundo. Comienza por una audacia fundamental: no sentirte asustado u ofendido por personas con maneras de pensar y actuar diferentes. No sentirte superior a los que están afuera. De hecho, esta diversidad debe animarte. Tu primera reacción tiene que ser abrir tu espíritu a esas diferencias, comprender qué hace vibrar al Otro, hacerte una idea de su vida interior, de cómo ve el mundo. De esta manera estarás en permanente contacto con círculos de personas cada vez más amplios, estableciendo enlaces con esas redes diversas. La fuente de tu poder es tu sensibilidad y cercanía a este entorno social. Podrás detectar tendencias y cambios en los gustos de la gente mucho antes que cualquier otro.

No hay lugar donde la gente esté más apiñada que en el barrio; personas de todas las psicologías imaginables están constantemente unas frente a otras. El poder depende ahí de la capacidad para saber todo lo que pasa alrededor, para ser sensible a los cambios, estar al tanto de las estructuras de poder impuestas desde afuera y desde adentro. No hay tiempo ni espacio para huir a un país personal de los sueños. Se siente apremio por estar en contacto con el medio y la gente: la vida depende de eso.

Hoy todos vivimos en condiciones similares: los caminos de toda clase de personas, de culturas y psicologías divergentes, se cruzan ante nuestros ojos. Pero cuando vivimos en una sociedad aparentemente más abundante y tranquila, carecemos de esa necesidad apremiante de estar en contacto con otros. Esto es peligroso. En un crisol como el del mundo moderno, donde los gustos cambian más rápido que nunca, nuestro éxito depende de nuestra aptitud para salir de nosotros y hacer contacto con otras redes sociales. Oblígate a toda costa a salir continuamente de ti. Debes llegar al punto en el que perder contacto con tu entorno se traduzca en una sensación de riesgo y vulnerabilidad.

A la larga, ese miedo primordial nuestro se vuelve un trastorno mental: la cerrazón a toda idea nueva y desconocida. Los valientes de la historia se enseñan a desarrollar lo contrario: un espíritu abierto, una mente que no cesa de aprender de la experiencia. Ve si no el caso de la gran primatóloga británica Jane Goodall, cuya investigación de campo revolucionó nuestras ideas sobre los chimpancés y los primates.

Antes del trabajo de Goodall, los científicos habían fijado ciertas ideas aceptadas de cómo estudiar a animales como los chimpancés. Se les debía analizar principalmente en jaulas, en condiciones muy controladas. Los primatólogos los observaban a veces en su hábitat natural; ideaban varios trucos para que se les acercaran, aunque ocultos siempre tras una especie de pantalla protectora. Hacían experimentos manipulando a los animales y reparando en sus respuestas. La meta era dar con verdades generales sobre la conducta de los chimpancés. Los científicos sólo podían estudiarlos guardando distancia.

Goodall no tenía ninguna instrucción formal en ciencias cuando, en 1960, llegó a la actual Tanzania para estudiar a los chimpancés en su estado natural. Operando totalmente sola, concibió un procedimiento de investigación radicalmente distinto. Los chimpancés vivían en las partes más remotas del país y eran muy tímidos. Ella los seguía a cierta distancia, haciendo pacientemente lo posible por ganarse su confianza. Vestía de tal manera que no llamara la atención y tenía el cuidado de no mirarlos a los ojos. Cuando notaba que su presencia en el área los incomodaba, se alejaba, o se comportaba como un mandril espulgándose.

Poco a poco, en el curso de varios meses, pudo acercarse cada vez más. Fue así como pudo empezar a identificar individualmente a algunos de los chimpancés; les puso nombres, algo que los científicos no habían hecho nunca; siempre los habían designado con números. Gracias a esos nombres, pudo comenzar a detectar sutiles matices en su conducta individual; tenían personalidad propia, como los seres humanos. Tras casi un año de esta paciente seducción, los chimpancés empezaron a relajarse en su presencia y a permitirle interactuar con ellos, algo que nadie había logrado hasta entonces en la historia del estudio de los primates en libertad.

Esto implicó mucho valor, pues se creía que los chimpancés eran los primates más volubles, y que eran más peligrosos y violentos que los gorilas. Conforme interactuaba con ellos, Goodall también notó un cambio en sí misma. "Creo que mi mente ya funciona como la de los chimpancés, en un nivel subconsciente", escribió a un amigo. Pensaba esto porque había desarrollado una extraña habilidad para hallarlos en el bosque.

Habiendo obtenido acceso a ellos, tomó nota de varios fenómenos que desmentían los datos aceptados sobre la conducta de los chimpancés. Los científicos habían catalogado a estos animales como vegetarianos; ella los observó cazando y comiendo monos. Se creía que sólo los seres humanos eran capaces de hacer y usar herramientas; ella vio a los chimpancés producir elaborados instrumentos para atrapar insectos que comer. Los vio participar en singulares danzas rituales durante un aguacero. Después observó una espantosa guerra entre manadas rivales, que duró cuatro años. Catalogó una curiosa conducta maquiavélica entre los machos que peleaban por la supremacía. En general, reveló un grado de variedad en la vida emocional e intelectual de los chimpancés que alteró el concepto no sólo de éstos, sino también de todos los primates y mamíferos.

Esto tiene aplicaciones fabulosas más allá de la ciencia. Normalmente, al estudiar algo se parte de ciertas nociones preconcebidas sobre el tema. (Como los científicos habían llegado a creer que los chimpancés tenían un espectro de conducta limitado, eso era lo único que veían, pasando por alto una realidad mucho más compleja.) Tu mente comienza el proceso en estado cerrado, insensible a la diferencia y el matiz. Tienes miedo de que tus premisas sean puestas en tela de juicio. Pero, como Goodall, debes librarte de la necesidad de controlar y limitar tu campo visual. Al estudiar a un individuo o grupo, tu meta debe ser entrar en su mente, sus experiencias, su manera de ver las cosas. Para eso debes interactuar en un plano más equitativo. Con este espíritu abierto y valiente, descubrirás cosas que nadie ha sospechado. Apreciarás mucho mejor los objetivos de tus actos, o el público al que quieres llegar. Y con esta comprensión llegará para ti el poder de emocionar a la gente.

Claves para la valentía

Pocas personas tienen el tino de preferir la crítica que las haría mejores al elogio que las engaña.
—François de La Rochefoucauld

En lo que hacemos para el comercio o la cultura, siempre hay un momento significativo: cuando el trabajo abandona nuestras manos y llega al público al que está dirigido. En ese instante deja de ser algo que estaba en nuestra mente y se convierte en un objeto que es juzgado por otros. A veces este objeto establece una relación profunda con la gente. Toca una cuerda sensible, resuena y tiene calidez. Cumple una necesidad. Otras, deja a las personas sorprendentemente frías; y habíamos imaginado que tendría un efecto muy distinto.

Este proceso puede parecer un poco misterioso. Algunas personas semejan tener un don para crear cosas que resuenan en el público. Son grandes artistas, políticos en sintonía con el pueblo u hombres de negocios inventivos. A veces nosotros producimos algo que surte efecto, pero no sabemos por qué, y esto nos impide repetir nuestro éxito.

Sin embargo, un aspecto de este fenómeno sí es explicable. Todo lo que creamos o producimos va dirigido a un público, grande o chico, dependiendo de lo que hagamos. Si somos de quienes viven encerrados en ellos mismos, imaginando lo que le gusta a la gente o sin siquiera pensar en eso, este espíritu se reproduce en nuestro trabajo. Éste no está en contacto con el entorno social; es producto de una persona absorta en sí misma. Si, por el contrario, estamos en hondo contacto con el público; si tenemos una noción clara de sus necesidades y deseos, lo que hacemos tenderá a resonar. Hemos interiorizado la manera de pensar y sentir de nuestro público, y eso se demuestra en la obra.

La carrera del gran escritor ruso Fiodor Dostoyevski tuvo dos partes muy diferentes: en la primera, él fue un socialista que interactuaba sobre todo con otros intelectuales. Sus novelas y cuentos tenían relativo éxito. Pero en 1849 se le sentenció a varios años de prisión y trabajos forzados en Siberia, presumiblemente por conspirar contra el gobierno. Ahí descubrió de repente que no conocía al pueblo ruso. En la cárcel se vio entre la escoria de la sociedad. En la villa donde hacía trabajos forzados convivió al fin con el campesinado, predominante en el país. Una vez en libertad, todas esas experiencias arraigaron en su obra, y sus novelas resonaron de pronto más allá de los círculos intelectuales. Conocía a su público —las masas rusas— desde dentro, y su obra se hizo muy popular.

Comprende: no puedes disfrazar tu actitud ante el público. Si te sientes superior, parte de una elite selecta, eso se filtrará en tu obra. Se dejará ver en el tono y el ambiente. Tu trabajo transmitirá una sensación de condescendencia. Si tienes poco acceso al público al que quieres llegar pero crees que tus ideas no pueden no ser interesantes, es casi inevitable que tu obra parezca demasiado personal, producto de un alienado. Como sea, lo que realmente predominará en el espíritu de tu labor será el miedo. Interactuar de cerca con el público y conocer su reacción podría significar que tienes que ajustar tus "brillantes" ideas, tus nociones preconcebidas. Esto podría poner en duda tu pulcra visión del mundo. Podrás disfrazar eso con un barniz de esnobismo, pero es el inveterado miedo al Otro.

Somos seres sociales y hacemos cosas para comunicarnos y relacionarnos con quienes nos rodean. Tu meta debe ser eliminar la distancia entre tu público (la base de tu soporte en la vida) y tú. Parte de esta distancia es mental: procede de tu ego y la necesidad de sentirte superior. Otra parte es física: la naturaleza de tu ocupación tiende a aislarte del público a fuerza de capas de burocracia. En cualquier caso, busca el máximo de interacción, lo que te permitirá hacerte una idea de la gente desde dentro. Sus críticas y comentarios acabarán por beneficiarte. Si operas así, lo que produzcas no dejará de resonar, porque vendrá de adentro. Este profundo nivel de interacción es la fuente de las obras más impactantes y populares en la cultura y los negocios, y de un estilo político de contacto verdadero con la ciudadanía.

Usa las cuatro estrategias siguientes para acercarte a ese ideal.

SUPRIME TODA DISTANCIA

El artista francés Henri de Toulouse-Lautrec procedía de uno de los linajes aristocráticos más antiguos de Francia, pero muy pronto se sintió lejos de su familia. Parte de esto se debió a su impedimento físico: sus piernas dejaron de crecer cuando tenía catorce años, lo que lo hizo parecer enano. Pero otra parte se debió a su naturaleza sensible. Se volcó en la pintura como su único interés en la vida, y en 1882, cuando tenía dieciocho, se mudó a París para estudiar con un artista famoso con estudio en Montmartre, el barrio bohemio y un tanto sórdido de esa ciudad. Ahí descubrió un mundo totalmente nuevo: los cafés y salones de baile frecuentados por prostitutas, estafadores, bailarinas, artistas ambulantes y todos los personajes turbios que ese *quartier* atraía. Tal vez a causa del distanciamiento con su familia, se identificó con esos marginados. Y poco a poco se sumergió por entero en la vida social de Montmartre.

Se hizo amigo de las prostitutas y las contrataba como modelos, intentando capturar en el lienzo la esencia de su vida. Volvía seguido a los salones de baile, y hacía bocetos mientras observaba. Bebía con los criminales y agitadores anarquistas que pasaban por el barrio. Absorbió así todos los aspectos de este mundo, aun los hábitos de los ricos que iban a divertirse a los barrios bajos. Otros artistas, como Degas y Renoir, que también vivían en Montmartre, pintaron muchas escenas de la vida ahí, pero siempre con un dejo de distancia, como extraños que se asomaran. Toulouse-Lautrec fue un participante activo. Y cuando esa inmersión empezó a reflejarse en sus dibujos y cuadros, su obra atrajo más interés.

Todo esto culminó en los carteles para el Moulin Rouge, salón de baile inaugurado en 1889. El primero y más famoso de ellos fue la escandalosa imagen de una bailarina levantando tan alto la pierna que se le ve el calzón. Los colores son intensos y chillantes. Pero lo más extraño es el espacio plano que él creó, que hace sentir a los espectadores que están en el escenario con los artistas, en medio de toda esa actividad y luces brillantes. Nadie había creado nunca nada semejante. Cuando ese cartel se fijó en toda la ciudad, hipnotizó a la gente. Parecía tener vida propia. Siguieron otros de todos los personajes del Moulin Rouge a los que Toulouse-Lautrec llegó a conocer íntimamente, y de esta plena y democrática convivencia con sus sujetos surgió una estética enteramente nueva. Su obra adquirió una popularidad enorme.

Entiende: en estos tiempos, para llegar a la gente debes tener acceso a su vida interior: sus frustraciones, aspiraciones, resentimientos. Para eso debes suprimir lo más posible la distancia entre tu público y tú. Entra en su espíritu y absórbelo desde dentro. Harás tuya su manera de ver las cosas, y cuando la recrees en una obra tendrá vida. Lo que te sacude y emociona tendrá el mismo efecto en él. Esto implica valentía y un espíritu abierto. No temas definir tu personalidad a partir de esas intensas interacciones. Adopta una igualdad radical con el público, dando voz a sus ideas y deseos. Lo que produzcas hará contacto natural con él, de manera muy profunda.

ABRE CANALES INFORMALES DE CRÍTICAS Y COMENTARIOS

Cuando Eleanor Roosevelt llegó a la Casa Blanca como primera dama, en 1933, se atemorizó. Desdeñaba la política convencional, y la actitud exclusivista que fomentaba. En su opinión, el poder de su esposo dependía de su contacto con la gente que lo había elegido. Para salir de la Gran Depresión, el pueblo debía sentirse incluido en la lucha, no sólo seducido por discursos y programas. Cuando la gente se siente tomada en cuenta, aporta ideas y energía a la causa.

Ella temía que la naturaleza burocrática del gobierno devorara a su marido. Él terminaría escuchando a los miembros de su gabinete y a sus expertos; su contacto con la gente quedaría relegado a canales formales como reportes, encuestas y estudios. Este aislamiento sería su ruina, pues lo alejaría de su base de apoyo. Sin contar con ningún puesto oficial en el gobierno, Eleanor decidió crear por sí sola canales informales con la ciudadanía.

Viajaba por todo el país −a barriadas y ciudades rurales remotas− escuchando las quejas y necesidades de la gente. Regresaba con muchas de esas personas para que dieran al presidente impresiones de primera mano sobre los efectos del New Deal. Inició una columna en *The Woman's Home Companion*, sobre cuyo título asentó: "Quiero que me escribas". La usaba como foro de discusión, y animaba a la gente a expresar sus críticas. En seis meses había recibido más de trescientas mil cartas, y con ayuda de su equipo contestó hasta la última de ellas. Abrió también otros canales de comunicación, como el de introducir en programas del New Deal a colaboradores suyos, quienes después hacían encuestas para ella entre la población beneficiada.

Con este sistema en marcha, empezó a percibir un patrón desde la base: un desencanto creciente con el New Deal. Todos los días dejaba un memorándum en el escritorio de su esposo, en el que le recordaban esas críticas y la necesidad de ser más sensible. Y lentamente comenzó a ejercer influencia en sus políticas, y a empujarlo a la izquierda; logró, por ejemplo, que creara programas como la National Youth Administration (NYA), que involucraría activamente en el New Deal a la juventud. Al paso del tiempo, ella se convirtió en el canal extraoficial de comunicación para grupos de mujeres y los afroestadunidenses, afianzando así el apoyo a Roosevelt en esos dos sectores clave. Todo este trabajo supuso un valor enorme, porque Eleanor fue continuamente ridiculizada por su activismo, muy anterior al de cualquier otra primera dama de Estados Unidos. Y su labor desempeñó un importante papel en la capacidad de su esposo para preservar su imagen como hombre del pueblo.

Como lo entendió Eleanor Roosevelt, todo grupo tiende a cerrarse al mundo exterior. Es más fácil operar así. Dentro de esa burbuja, la gente se hace creer que sabe qué piensa su público: lee los periódicos, diversos reportes, las cifras de las encuestas, etcétera. Sin embargo, toda esa información suele ser sosa, y estar sumamente filtrada. Es muy distinto cuando interactúas directamente con la gente y oyes en persona sus críticas y comentarios. Descubres qué hay en el fondo de su descontento, los diversos matices de cómo le afecta tu trabajo. Sus problemas cobran vida, y las soluciones que propones tienen más relevancia. Creas una dinámica de vaivén en la que las ideas, participación y energía de la gente pueden servir a tus propósitos. Si, por la naturaleza de tu grupo o empresa, debe mantenerse cierta distancia entre tu público y tú, lo ideal es abrir entonces el mayor número posible de canales informales, para que obtengas retroalimentación directa desde la fuente.

RECUPERA EL CONTACTO CON TU BASE

Vemos suceder lo siguiente una y otra vez: una persona triunfa cuando es joven porque tiene firmes lazos con un grupo social. Lo que dice y produce viene de algo verdadero y está vinculado con un público. Pero luego ese contacto se pierde poco a poco. El éxito produce distancia. Esa persona acaba pasando su tiempo con otros individuos exitosos. Consciente o inconscientemente, llega a sentirse lejos y arriba de su público. Su trabajo pierde intensidad, y con ello todo efecto real en la gente.

El famoso activista negro Malcolm X batalló a su modo con este problema. Pasó su juventud como hábil traficante callejero, terminando en la cárcel por asuntos de drogas. Ahí descubrió el islamismo practicado por la Nación del Islam, y se convirtió de inmediato. Al salir de prisión fue un visible vocero de ese grupo. Pero después rompió con él y se volvió importante figura del creciente movimiento del poder negro de los años sesenta.

En las diversas fases de su vida, Malcolm X sintió honda ira y frustración por las injusticias que los afroestadunidenses padecían, muchas de las cuales experimentó en carne propia. Canalizaba esas emociones a potentes discursos, en los que parecía dar voz al enojo de muchos en los guetos estadunidenses. Pero conforme se hacía famoso, sintió cierta ansiedad. Conocía a líderes de la comunidad negra que para entonces ya vivían bien, y que no podían menos que sentir distancia y superioridad hacia aquellos a quienes supuestamente representaban, como un padre preocupado por su hijo.

Malcolm aborrecía esa sensación de paternalismo insidioso. En su opinión, sólo la gente podía ayudarse a sí misma; el papel de él era inspirarla a actuar, no actuar en su nombre. Para vacunarse contra esa distancia psíquica, multiplicó su interacción con traficantes y agitadores, el tipo de personas de los bajos fondos que la mayoría de los líderes habría evitado escrupulosamente. Quienes estaban en el corazón del gueto eran la base de su poder, y él tenía que restablecer contacto con ellos. Se propuso pasar más tiempo con quienes habían sufrido injusticias recientes, para empaparse de sus experiencias e indignación. La mayoría se ablanda con la edad; él conservaría su enojo, la intensidad de las emociones que lo habían impulsado en primer término y le habían dado su carisma.

La meta del contacto con la gente no es complacer a todos ni llegar al mayor público posible. La comunicación es una fuerza de intensidad, no de extensión y cantidad. Si pretendes ampliar el alcance de tu llamado, sustituirás la calidad por la cantidad y pagarás un precio. Tienes una base de poder; un grupo de personas, grande o chico, que se identifican contigo. Esta base también es mental: las ideas que tenías de joven, asociadas con fuertes emociones y que te inspiraron a seguir un camino particular. El tiempo y el éxito tienden a diluir tu sensación de contacto con esa base física y mental. Irás entonces a la deriva, y tus facultades de comunicación decaerán. Conoce a tu base y recupera tu contacto con ella. Mantén vivas, intensas y presentes tus alianzas con ella. Vuelve a tus orígenes, fuente de toda inspiración y poder.

CREA EL ESPEJO SOCIAL

A solas, podemos imaginar que tenemos toda suerte de poderes y aptitudes. Nuestro ego puede hincharse cuanto quiera. Pero cuando producimos algo que no tiene el impacto esperado, topamos de repente con un límite: no somos tan brillantes y hábiles como creíamos. Tendemos entonces a culpar a los demás por no comprender o por interponerse en nuestro camino. Nuestro ego se resiente y debilita; las críticas del exterior parecen un ataque personal que no podemos soportar. Nos inclinamos a cerrarnos, lo que nos vuelve doblemente difícil triunfar en nuestro proyecto siguiente.

En vez de retraerte, considera la indiferencia de la gente a tu idea, lo mismo que sus críticas, como un espejo que sostiene frente a ti. Un espejo físico te convierte en objeto: puedes verte como los demás te ven. Tu ego no puede protegerte: el espejo no miente. Lo usas para mejorar tu apariencia y evitar el ridículo. Las opiniones de los demás cumplen una función parecida. Tú ves tu trabajo desde dentro de tu mente, recubierta con todo tipo de deseos y temores. Ellos lo ven como un objeto: tal cual es. A través de sus críticas puedes acercarte más a esa versión objetiva y mejorar gradualmente lo que haces. (Una advertencia: cuídate de los comentarios de amigos cuyos juicios podrían estar empañados por la envidia o la adulación.)

Cuando tu trabajo no establece comunicación con los demás, considéralo tu culpa: no expresaste tus ideas con la claridad suficiente ni hiciste contacto emocional con el público. Este análisis te ahorrará el rencor o enojo que las críticas de la gente podrían causarte. Perfeccionas simplemente tu trabajo por medio del espejo social.

Cambio de perspectiva

La ciencia y el método científico son formas de búsqueda de conocimientos muy prácticas y eficaces que han terminado por dominar casi totalmente nuestro pensamiento en los últimos siglos. Pero también han generado una peculiar idea preconcebida: que para comprender cualquier cosa tenemos que estudiarla a la distancia y con una perspectiva imparcial. Por ejemplo, tendemos a juzgar más respetable un libro repleto de estadísticas y citas de otros estudios, porque parece tener la objetividad y distancia científica requerida. Pero la ciencia suele ocuparse de materia inorgánica o con mínima vida emocional. Estudiar esto desde una perspectiva imparcial tiene sentido y da resultado. Sin embargo, no ocurre lo mismo cuando se trata de personas y seres que responden desde una base emocional. Aquí falta el conocimiento de lo que los hace vibrar por dentro. Estudiarlos desde afuera es un prejuicio, a menudo resultado del miedo: lidiar con las experiencias y subjetividad de la gente es embrollado y caótico. La distancia es más ligera y más fácil.

Ya es hora de reevaluar esta idea preconcebida y ver las cosas desde la perspectiva opuesta. El conocimiento de la naturaleza humana y de los factores sociales, con frecuencia es más valioso para nosotros, depende de comprender a la gente y sus redes desde dentro, tener una noción de lo que experimentan. Esto se logra con una implicación y participación intensas, no con la pose seudocientífica del intelectual adicto a estudios, citas y números, todo ello ideado para respaldar sus prejuicios. Tú prefiere esta otra forma de conocimiento, desde adentro, sobre todas las demás en cuestiones sociales. Es la que te dará más poder para influir en la gente. En la medida en que te sientas distante y ajeno, reconoce que no entiendes lo que estudias o a aquellos a quienes quieres llegar; estás equivocando la puntería y tienes mucho por hacer.

Un hombre sensato siente lo que los demás sólo saben.
—Barón de Montesquieu

CAPÍTULO 8

Respeta el procedimiento: Maestría

Los necios quieren las cosas rápido y fácil: dinero, éxito, atención. El aburrimiento es su gran enemigo y temor. Lo que logran se les va de las manos tan pronto como llegó. En cambio, tú debes sobrevivir a tus rivales. Sentar las bases de algo que pueda seguir creciendo. Para que así sea, tendrás que ser aprendiz. Debes enseñarte pronto a soportar las largas horas de práctica y fastidio, sabiendo que al final todo ese tiempo se traducirá en un placer más elevado: el dominio de un oficio y de ti mismo. Tu meta ha de ser llegar al nivel de habilidad más alto: la intuición de lo que debe seguir.

Dinero difícil

Domina el instrumento, domina la música, y luego olvida toda esa mierda y toca.

—Charlie Parker

De chico en Southside Queens, Curtis Jackson veía que los únicos que tenían dinero y poder eran los traficantes. Así que a los once años y con grandes sueños por delante, eligió ese camino. Sin embargo, muy pronto se dio cuenta de que la vida de un conecte no era para nada glamurosa. Consistía sobre todo en pararse en una esquina un día tras otro para vender la misma mercancía a los mismos clientes. Significaba sufrir horas enteras sin hacer nada, esperando a los adictos, con frecuencia bajo un frío glacial o un calor abrasador. Y en esas largas y tediosas horas en la calle, era natural que Curtis se pusiera a divagar; se sorprendía deseando que el dinero llegara más rápido y fácil, con más bullicio. Había oportunidades de esa especie en el barrio; la mayoría implicaban crímenes o planes turbios. A veces se sentía tentado a hacer la prueba, pero luego se acordaba de los innumerables casos de traficantes conocidos que se habían tragado la ilusión del dinero fácil, incautos que habían terminado inevitablemente muertos o en quiebra.

Ahí estaba su amigo TC, quien, cansado de traficar, fue a dar a una banda que pasó un verano entero robando tiendas, y ocasionalmente un banco. Él ganó mucho dinero en esos tres meses, y luego se largó todo el otoño e invierno. Al verano siguiente ya estaba de vuelta. No era sólo el dinero; también la emoción de coquetear con el peligro. Pero ese segundo verano se le acabó la suerte, y murió en un tiroteo con la policía.

Ahí estaba también su colega Spite, un poco mayor que él, quien había ahorrado algo de dinero traficando pero soñaba con algo mejor. Se convenció de que podía hacer una fortuna rápida comprando una parte de una franquicia nueva en el barrio, pero que, estaba seguro, sería un gran éxito. Invirtió todo su dinero en el proyecto, pero se impacientó demasiado. No le dio tiempo a la gente de habituarse a su nueva vida. Todos creían que su tienda servía de pantalla a la venta de drogas. La evitaban, y pronto se volvió un nido de adictos y conectes. Quebró en unos meses, y él nunca se recuperó de la experiencia.

Ése era el quid de la cuestión: para tener éxito como traficante, había que acostumbrarse al ritmo, lento y opresivo, del trabajo. Pero en el barrio era infrecuente que el futuro pareciera promisorio. No era fácil que los conectes se imaginaran ahorrando dinero para imprevistos cuando había muchas probabilidades de que el futuro no llegara nunca. Infaltablemente, el deseo de algo rápido se les colaba en la sangre, y si cedían a él, iniciaban un ciclo del que jamás podrían escapar. Si conseguían un poco de dinero fácil, éste actuaba como una droga: se alocaban y lo gastaban todo en cosas que impresionaran a la gente. Sin dinero, volvían a traficar, pero esto ya les parecía demasiado pausado y aburrido. Así, probaban de nuevo algo rápido. Caían en la trampa de su codicia, y al paso de los años eran incapaces de desarrollar la menor paciencia o disciplina. Sin embargo, no podían manejar mucho tiempo esos altibajos. A los veinticinco o treinta estaban acabados, sin habilidades ni dinero luego de tantos años de esfuerzo. Su destino era generalmente desagradable.

Para resistir esa tentación, Curtis decidió obligarse a seguir la dirección opuesta. Veía el tráfico como un trabajo. Aparecía en su esquina todos los días a la misma hora, y trabajaba de sol a sol. Poco a poco se acostumbró a este paso lento. Durante las largas horas sin nada que hacer, se ponía a pensar en el futuro, y hacía planes detallados de lo que lograría cada año, terminando con su huida final del oficio. Saltaría a la música, y luego a los negocios. Pero para poder dar el primer paso, tendría que ahorrar. La idea de esta meta le ayudaba a resistir el tedio cotidiano de su labor. En esas pesadas horas, hacía también nuevos planes de conecte, con la idea de seguir superándose en el empleo.

Se aficionó al box, para disciplinar mente y cuerpo. Al principio era pésimo, pero fue tenaz y entrenó todos los días hasta convertirse en un púgil experimentado. Esto le dio lecciones invaluables: podía lograr lo que fuera con persistencia, más que con fuerza o violencia; progresar paso a paso era el único modo de triunfar en cualquier cosa. Y a la edad de veinte debutó en la música, justo como lo había planeado.

En 1999, tras varios años de aprendizaje con Jam Master Jay, Curtis (ya 50 Cent) firmó un contrato con Columbia Records. Parecía un sueño hecho realidad; pero al ver a otros raperos con más tiempo en ese sello, se dio cuenta de que los peligros a su alrededor no habían hecho sino aumentar. A su parecer, la tendencia era reducir de inmediato la energía y concentración. Los raperos sentían que ya habían llegado donde querían, y en forma inconsciente dejaban de trabajar tanto como antes y dedicaban menos tiempo a su oficio. La repentina afluencia de dinero se les subía a la cabeza; se creían el rey Midas, y que siempre lo serían. El éxito de una canción o un disco empeoraba las cosas. Como no habían erigido algo poco a poco –una carrera, un futuro–, todo se venía abajo en unos años, cuando raperos más jóvenes y entusiastas tomaban su lugar. Su vida era entonces todavía más triste por haber saboreado alguna vez las mieles del triunfo.

Para Curtis, la solución fue simple: había llegado a un mundo nuevo. Tenía que darse tiempo para conocerlo. En el agitado medio del hip-hop, él redujo la velocidad en todo. No iba a fiestas y era muy reservado. Decidió considerar a Columbia Records una universidad, su oportunidad de conocer la industria. Grababa de noche y pasaba el día entero en las oficinas de esa compañía, hablando de trabajo con personas de todos los departamentos. Cada vez aprendía más de mercadotecnia y distribución, y los detalles prácticos del ramo. Estudió todos los aspectos de la producción, qué se necesitaba para hacer un éxito. Practicaba su música sin cesar. Cuando la empresa lo mandó con docenas de raperos más a escribir canciones en un refugio en el norte del estado de Nueva York, regresó con treinta y seis temas, mientras que casi todos habían juntado apenas cinco o seis.

Luego de su frustrado asesinato en 2000, Columbia Records lo sacó de su catálogo, pero para entonces él ya no necesitaba la experiencia de la compañía. Había acumulado tantos conocimientos y habilidades que le fue posible aplicarlos a la promoción de sus grabaciones, componiendo canciones a un ritmo enloquecedor y comercializándolas tan hábilmente como un profesional. Avanzó paso a paso, hasta que su campaña llamó la atención de Eminem, quien lo contrató para su sello en Interscope en 2003.

Años después, Fifty se encontraba ya en el mundo corporativo, y pronto descubrió que no era muy diferente al de las calles. Muchos empleados y ejecutivos a los que conocía eran igual de impacientes. Sólo podían pensar en términos de meses o semanas. Su relación con el dinero era emocional, una manera de imponer su categoría y alimentar su ego. Le proponían planes que parecían interesantes a corto plazo, pero que en realidad no llevaban a ninguna parte. Esos ejecutivos no estaban en sintonía con los grandes cambios ocurridos en el mundo, ni planeaban explotarlos en el porvenir; tal cosa implicaba demasiado tiempo y esfuerzo.

Empresarios como ésos llegaban de todos lados con ofertas de promoción que le harían ganar millones. Suponían que él era como los demás raperos, y que no dejaría pasar esas oportunidades. Pero sus ofertas no le ayudarían a construir algo sólido o real. Eran dinero ilusorio. Las rechazaba, y optaba por crear empresas suyas, bajo sus propias reglas, cada cual ligada a la anterior como los eslabones de una cadena. La meta fue sencilla esta vez: forjar un emporio perdurable. Y como en casos anteriores, Fifty la cumpliría con su persistencia indeclinable.

La actitud del valiente

La mayoría no soporta el aburrimiento. Esto quiere decir que no puede perseverar en algo hasta dominarlo. Y luego se pregunta por qué no es feliz.

—50 Cent

Para nuestros antepasados más primitivos, la vida era una lucha constante, que implicaba innumerables esfuerzos por obtener techo y alimento. Si acaso había tiempo libre, solía reservarse para los rituales que daban significado a esa ruda existencia. Tras miles de años de civilización, la vida se volvió gradualmente más fácil para muchos, y junto con ello llegó cada vez más tiempo libre. En este lapso no era preciso trabajar el campo ni preocuparse por los enemigos o los elementos; sólo eran horas por llenar de alguna manera. Y de repente surgió una nueva emoción en este mundo: el aburrimiento.

En el trabajo o los rituales, la mente se ocupaba en diversas tareas; pero a solas, en casa, ese tiempo libre permitía divagar. Dada esta libertad, la mente tiende a gravitar hacia la preocupación por el futuro, a posibles problemas y peligros. Ese tiempo vacío es un eco lejano de la vacuidad eterna de la muerte. Así, junto con esa nueva emoción que aquejó a nuestros ancestros llegó un deseo que nos tortura hasta la fecha: huir a toda costa del hastío, distraernos de preocupaciones.

Los principales medios de distracción son todas las modalidades del entretenimiento público, las drogas, el alcohol y las actividades sociales. Pero estas distracciones son como las drogas mismas: su efecto es pasajero. Entonces anhelamos diversiones nuevas y más rápidas que nos saquen de nosotros y nos distraigan de las crueles realidades de la vida, lo mismo que del insidioso aburrimiento. Una civilización entera —la antigua Roma— se desplomó prácticamente bajo el peso de esa nueva necesidad y emoción. Su economía acabó atada a la creación de lujos y diversiones novedosos que quebraron el temple de los ciudadanos; pocos de ellos dejaron de estar dispuestos a sacrificar sus placeres al trabajo intenso o al bien público.

Éste es el patrón que el aburrimiento ha creado desde entonces para el animal humano: buscamos diversiones fuera de nosotros, y nos volvemos dependientes de ellas. El entretenimiento avanza a un ritmo más rápido que el trabajo. Éste se experimenta entonces como aburrido, lento y repetitivo. Todo lo difícil, lo que requiere esfuerzo, se ve igual: pausado, enfadoso. Si llegamos demasiado lejos en esta dirección, cada vez nos será más difícil reunir la paciencia necesaria para soportar el gran esfuerzo requerido para dominar un oficio. Nos costará más trabajo pasar tiempo a solas. Nuestra vida se dividirá entre lo indispensable (tiempo de trabajo) y lo placentero (distracciones y diversiones). Antes el hastío acometía sobre todo a la clase alta. Hoy es algo que aqueja casi a cualquiera.

Sin embargo, existe otra posible relación con el aburrimiento y el tiempo ocioso, una relación audaz que da resultados muy distintos a la frustración y el escapismo. Es ésta: que tengas una meta en la vida, algo que sientas estar destinado a crear. Cumplir esta meta te dará una satisfacción mucho mayor que las fugaces emociones de las diversiones externas. Para lograrlo, tendrás que aprender un oficio; educarte y desarrollar las habilidades apropiadas. Todas las actividades humanas implican un procedimiento para su dominio. Con objeto de llegar a niveles de habilidad cada vez más altos, debes aprender los pasos y secuencias implicados. Esto requiere disciplina y tenacidad, es decir, capacidad para resistir una actividad repetitiva, la lentitud y ansiedad que ese reto produce.

Una vez que emprendas este camino, sucederán dos cosas: primero, tener una meta sacará tu cabeza del presente y te ayudará a soportar el trabajo arduo y monótono. Segundo, a medida que mejores en tu labor u oficio, éste te será cada vez más grato. Verás tus avances; notarás relaciones y posibilidades que no habías advertido. Tu mente se abstraerá en el dominio creciente de tu oficio, y gracias a esta abstracción olvidarás todos tus problemas: temores por el futuro o juegos sucios de la gente. Pero a diferencia de la diversión de fuentes externas, esta otra viene de dentro. Desarrollarás así una habilidad de por vida, el tipo de disciplina mental que será la base de tu poder.

Para que esto dé resultado, debes elegir una carrera u oficio que te entusiasme. Así no trazarás una línea divisoria entre trabajo y placer. Disfrutarás del hecho de dominar el procedimiento, y de la inmersión mental que esto requiere.

En el barrio, la mayoría de los empleos disponibles ofrecen poco dinero y labores menudas que no implican ninguna habilidad verdadera. Aun traficar es tedioso, y un camino sin futuro. Frente a esta realidad, se puede seguir una de dos direcciones: huir a través de las drogas, el alcohol, el bandolerismo o cualquier otro placer inmediato, o salir de este ciclo desarrollando una ética de trabajo intenso y disciplina. Quienes siguen esta última dirección tienen ansia de poder y una sensación de apremio. El riesgo de una vida de empleos insatisfactorios o distracciones peligrosas les pisa los talones todo el tiempo. Se enseñan a ser pacientes y practicar algo. En el trabajo o traficando, aprendieron pronto a aguantar los largos y fastidiosos periodos necesarios para dominar un procedimiento. No se quejan ni tratan de escapar de esta realidad, sino que la ven como un camino a la libertad.

Los que no crecimos en ese entorno, no sentimos esa relación urgente entre disciplina y poder. Nuestros empleos no son tan sosos. Algún día podrían darnos una gran sorpresa, o al menos eso creemos. Desarrollamos cierta disciplina en la escuela o en el trabajo, y con eso basta. Pero nos engañamos. Muy a menudo, apenas sobrellevamos nuestro empleo; vivimos para el tiempo libre y soñamos con el futuro. En el trabajo diario no ponemos todas nuestras facultades mentales, porque no es tan emocionante como la vida fuera de él. Desarrollamos cada vez menor tolerancia a los momentos aburridos y las actividades repetitivas. Si nos quedamos sin trabajo o quisiéramos otro, tenemos que enfrentar de repente el hecho de que carecemos de paciencia para realizar el cambio adecuado. Despertemos antes de que sea demasiado tarde, y comprendamos que el verdadero éxito y poder sólo pueden resultar del dominio de un procedimiento, lo que a su vez depende de una base de disciplina que hemos de fortalecer de manera constante.

Los valientes en la historia muestran inevitablemente en su vida más tolerancia a las labores repetitivas y aburridas que la mayoría de nosotros. Eso les permite sobresalir en su campo y dominar su oficio. Esto se debe en parte a que desde un momento temprano en la vida ven los resultados tangibles del rigor y la paciencia. La historia de Isaac Newton es particularmente ilustrativa a este respecto. A principios de 1665, Newton, entonces de veintitrés años, estudiaba en la Cambridge University y estaba a punto de presentar sus exámenes para graduarse en matemáticas cuando brotó la peste en Londres. Las muertes eran horrorosas y se multiplicaban a diario; muchos londinenses huyeron al campo, donde propagaron la enfermedad por todas partes. Llegado el verano, Cambridge tuvo que cerrar, y sus estudiantes se desperdigaron en todas direcciones a fin de ponerse a salvo.

Para ellos, nada podía haber sido peor. Se vieron obligados a vivir en pueblos dispersos, y experimentaron intenso temor y aislamiento en los veinte meses posteriores, mientras la peste se extendía por toda Inglaterra. Su activa inteligencia no tenía a qué aferrarse, y muchos morían de aburrición. Sin embargo, para Newton, esos meses de la peste representaron algo totalmente distinto. Regresó a casa de su madre, en Woolsthorpe, Lincolnshire. En Cambridge se había ocupado en vano de una serie de problemas matemáticos que no sólo lo inquietaban a él, sino también a sus profesores. Decidió dedicar su tiempo en Woolsthorpe a resolverlos. Llevaba consigo numerosos libros de matemáticas, y procedió a estudiarlos en detalle. Todos los días volvía a los mismos problemas, llenando cuadernos con operaciones interminables.

Cuando el cielo se despejaba, salía a pasear y continuaba con sus cavilaciones, sentado en los manzanares alrededor de la casa. Miraba una manzana que colgaba de una rama, del mismo tamaño a sus ojos que la luna en el cielo, y ponderaba la relación entre ambas —qué mantenía a una en el árbol y a la otra en la órbita terrestre—, lo que lo dirigía a ideas sobre la gravedad. Mirando el sol y su efecto óptico en torno suyo, empezó a realizar experimentos sobre el movimiento y propiedades de la luz. Su mente fluía en forma natural de problemas de geometría a cómo todo se relacionaba con el movimiento y la mecánica.

Entre más se sumergía en esos estudios, más relaciones hallaba y más ideas se le ocurrían. Resolvía un problema tras otro, con ímpetu y entusiasmo crecientes al percatarse de las facultades que liberaba en sí mismo. Mientras los demás estaban paralizados de hastío y temor, él pasó esos veinte meses sin pensar en la peste ni preocuparse por el futuro. Y en ese lapso creó, en esencia, las matemáticas, mecánica y óptica modernas. Tal periodo se considera en general el más prolífico y concentrado del pensamiento científico en la historia humana. Claro que Isaac Newton poseía una mente excepcional, pero en Cambridge nadie había sospechado en él esas facultades. Fue necesaria tal fase de aislamiento forzoso y trabajo repetitivo para que se convirtiera en un genio.

Cuando consideramos a quienes destacan en la historia, tendemos a fijarnos en sus logros. Desde ese punto de vista, es fácil deslumbrarnos y ver su éxito como producto de la genética, y quizá de algunos factores sociales. Son individuos talentosos. Nosotros jamás llegaremos a ese nivel, o al menos eso suponemos. Pero optamos por ignorar el periodo significativo en que todos y cada uno de ellos pasaron por un aburrido aprendizaje en su campo. Lo que los hizo seguir fue el poder que descubrieron al dominar ciertos pasos. Se les ocurrían ideas que a nosotros nos parecen geniales, pero que en realidad forman parte de cualquier proceso de aprendizaje intenso.

Si estudiáramos ese periodo de su vida en vez de la leyenda en que después se convirtieron, entenderíamos que también nosotros podemos poseer una parte o la totalidad de ese poder mediante una inmersión paciente en cualquier campo de estudio. Muchas personas no soportan el tedio que eso puede entrañar; temen iniciar un procedimiento tan arduo. Prefieren sus distracciones, ilusiones y sueños, ignorantes de los grandes placeres que esperan a quienes deciden dominarse y dominar un oficio.

Claves para la valentía

Todos los problemas del hombre se derivan de no saber quedarse quieto y solo en una habitación.

–Blaise Pascal

Cuando de niños aprendemos a hablar, todos seguimos el mismo procedimiento. Al principio experimentamos cierta frustración; quisiéramos expresar nuestros deseos y necesidades, pero carecemos de las palabras para ello. Poco a poco vamos adquiriendo frases y asimilando patrones del habla. Acumulamos vocabulario, palabra por palabra. Esto es tedioso en parte, pero nuestra curiosidad y ansia de saber nos impulsan. En determinado momento alcanzamos un nivel de fluidez que nos permite comunicarnos tan rápido como pensamos. En poco tiempo, no tenemos que pensar en absoluto. Las palabras llegan naturalmente y, a veces, cuando estamos inspirados, salen de nosotros con una abundancia que no podemos explicarnos. Aprender una lengua –materna o extranjera– implica un procedimiento imposible de evitar. No hay atajos.

El aprendizaje de idiomas fija el patrón de todas las actividades humanas, ya sea puramente intelectuales o físicas. Para dominar un instrumento musical o un juego, comenzamos por el nivel de competencia más bajo. El juego parece aburrido mientras tenemos que aprender sus reglas y practicarlo en un nivel simple. Como cuando aprendemos un idioma, nos sentimos frustrados. Vemos que otros juegan bien e imaginamos lo que se siente, pero estamos atorados en el modo de la práctica y repetición aburridas. Cedemos entonces a nuestra frustración y abandonamos el procedimiento, o bien seguimos adelante, intuyendo el poder que nos aguarda a la vuelta de la esquina. Nuestra capacidad aumenta poco a poco, y la frustración se reduce. Ya no tenemos que pensar mucho; nuestra fluidez nos sorprende, así como las relaciones que se nos ocurren al instante.

Una vez que llegamos a cierto nivel de maestría, vemos que existen niveles y desafíos más altos. Si somos pacientes y disciplinados, proseguimos. En cada nivel superior nos esperan nuevos placeres y discernimientos, de los que al principio ni siquiera sospechábamos. Podemos llevar esto tan lejos como queramos; en toda actividad humana hay siempre un nivel más alto al que es posible aspirar.

Durante miles de años, este concepto de aprendizaje formó parte elemental del saber práctico. Estaba inscrito en el concepto de dominio de un oficio. La sobrevivencia humana dependía de la factura de instrumentos, edificios, barcos y demás. Para hacerlos bien, una persona tenía que aprender el oficio, para lo que pasaba años como aprendiz, avanzando paso a paso. Con la aparición de la imprenta y los libros, que podían distribuirse ampliamente, esa paciencia y disciplina se aplicaron a la educación, para la adquisición formal de conocimientos. A quienes se las daban de cultos sin haber pasado años acumulando conocimientos, se les consideraba charlatanes y farsantes, y eran menospreciados.

Hoy hemos llegado a un momento peligroso, en el que ese saber elemental se está olvidando. Esto se debe en gran medida al lado negativo de la tecnología. Todos comprendemos los inmensos beneficios de ésta, y las posibilidades que nos ha brindado. Pero junto con la gran rapidez y facilidad con que podemos conseguir lo que queremos, ha evolucionado un nuevo patrón de pensamiento. Somos impacientes por naturaleza. Siempre se nos ha dificultado no poder tener lo que queremos. La velocidad creciente de la tecnología acentúa este aspecto infantil de nuestro carácter. La lenta acumulación de conocimientos parece innecesariamente aburrida. Aprender debería ser divertido, rápido y fácil. En internet podemos hacer conexiones instantáneas, y pasar con rapidez de un tema a otro. Terminamos por valorar la amplitud del conocimiento sobre su profundidad, la posibilidad de transitar de aquí hacia allá, más que de llegar al fondo de un problema y descubrir cómo funcionan las cosas.

Perdemos la noción del procedimiento. En esa atmósfera, los charlatanes prosperan. Ofrecen el antiguo mito de la transformación inmediata —el atajo al poder, la belleza y el éxito— en libros, discos compactos, seminarios y añejos "secretos" vueltos a la vida. Y hallan muchos incautos de los cuales sacar provecho.

Este nuevo patrón de pensamiento y aprendizaje no significa progreso. Produce un fenómeno que llamaremos "cortocircuito". Llegar al final de algo, dominar un procedimiento, requiere tiempo, concentración y energía. Cuando nos distraemos y nuestra mente pasa sin cesar de una cosa a otra, nos es cada vez más difícil mantener nuestra concentración en algo durante varias horas, para no hablar de meses y años. Bajo esta influencia, nuestra mente tenderá al cortocircuito; no podrá llegar al final de una tarea. Querrá pasar a algo más tentador. Las cosas no se hacen bien cuando se pierde la concentración, y por eso vemos cada vez más productos de mala calidad, hechos con menor atención a los detalles.

Comprende: el verdadero secreto, la fórmula genuina del poder en este mundo está en aceptar la inquietante realidad de que el aprendizaje requiere un procedimiento, el que demanda a su vez paciencia y capacidad para soportar la monotonía. Esto no es excitante ni seductor a primera vista, pero es una verdad basada en algo auténtico y sustancial, un saber antiguo que nunca se invalidará. La clave es el nivel de tu deseo. Si en efecto buscas maestría y poder, asimila en forma profunda esta idea e imprímela en tu mente: no hay atajos. Desconfía de todo lo rápido y fácil. Aguantarás los meses iniciales de trabajo insípido y repetitivo, porque tienes una meta. Esto te impedirá el cortocircuito, y saber mucho sin dominar nada. Al final, lo cierto es que te dominarás a ti mismo: tu impaciencia, tu miedo al hastío y el tiempo ocioso, tu necesidad de diversión y distracción constante.

Las siguientes son cinco estrategias valiosas para desarrollar una relación adecuada con los procedimientos.

AVANZA MEDIANTE PRUEBA Y ERROR

Con base en sus peleas callejeras de adolescente, Jack Johnson pensó que algún día sería un gran púgil. Pero era negro y pobre, demasiado pobre para darse el lujo de un entrenador. Así, en 1896, cuando tenía dieciocho años, inició un procedimiento sorprendente. Buscaba toda pelea imaginable en el cuadrilátero, con cualquier adversario. Al principio se llevó terribles palizas, de boxeadores que lo usaban para entrenar. Pero como sólo podía prepararse de esta forma, pronto se enseñó a ser lo más evasivo posible, para prolongar los encuentros y aprender.

En ese tiempo, las peleas podían llegar a los veinte asaltos, y la meta de Johnson era alargarlas al máximo. En ese lapso estudiaba detenidamente a sus contrincantes. Veía que algunos se movían siguiendo patrones conocidos, y que otros telegrafiaban sus puñetazos. Podía clasificarlos por su mirada y lenguaje corporal. Aprendió a provocar a algunos para poder estudiar sus reacciones; a otros los adormecía con un estilo sosegado, para ver los efectos.

Su método era sumamente penoso; representaba de quince a veinte combates al año. Él sufría muchos golpes. Aunque podía noquear a la mayoría de sus contendientes, prefería ser evasivo y aprender sobre la marcha. Esto significaba oír un sinfín de burlas del público, predominantemente blanco, que lo calificaba de cobarde. Pero eso empezó a tener poco a poco su compensación. Johnson enfrentó tal variedad de enemigos que se volvió experto en reconocer su estilo particular en cuanto comenzaba la pelea. Sentía sus debilidades, y cuándo exactamente debía caer sobre su presa. Se acostumbró –mental y físicamente– al ritmo de un combate largo y agotador. Adquirió una sensación intuitiva del espacio del ring, y de cómo maniobrar para agotar a sus oponentes en el curso de veinte asaltos. Muchos de ellos confesaron después que parecía que les leyera la mente; siempre iba un paso adelante. Siguiendo este camino, Johnson fue, en poco tiempo, campeón mundial de peso pesado, y el mejor boxeador de su época.

Con mucha frecuencia nuestro concepto de aprendizaje consiste en asimilar ideas de libros, hacer lo que otros nos dicen y, tal vez, efectuar algunos ejercicios controlados. Pero éste es un concepto incompleto y medroso, separado de la experiencia práctica. Somos realizadores, no sólo seres imaginantes. Para dominar un procedimiento debes aprender por medio de prueba y error. Experimenta, recibe algunos golpes y ve qué funciona y qué no en tiempo real. Expónte al escrutinio público, y haz lo mismo con tu trabajo. Tus fracasos están grabados en tu sistema nervioso; no necesitas repetirlos. Tus éxitos están ligados a la experiencia inmediata y te enseñan más. Acabarás por respetar enormemente el procedimiento, porque verás y sentirás el progreso que puedes obtener mediante la práctica y el esfuerzo constante. Llevado esto aún más lejos, tendrás una noción inmediata de lo que debe hacerse, porque tu conocimiento estará vinculado con algo físico y visceral. Y poseer esta intuición es el punto más alto de la maestría.

DOMINA ALGO SIMPLE

A menudo tenemos una sensación general de inseguridad, porque en verdad jamás hemos dominado nada en la vida. Inconscientemente nos sentimos débiles, y nunca a la altura de la tarea. Antes de empezar algo, sentimos que fallaremos. La mejor manera de vencer esto de una vez por todas es atacar de frente esa debilidad y componer un patrón de seguridad en nosotros mismos. Y esto se hace abordando primero algo sencillo y básico, que nos dé una probada del poder que podemos alcanzar.

Demóstenes –uno de los políticos más grandes de la antigua Atenas– siguió ese camino, decidido a vencer su enorme miedo a hablar en público. De niño era débil y nervioso. Tartamudeaba, y parecía siempre jadeante. Se le ridiculizaba sin cesar. Su padre murió cuando él era joven y le dejó una buena suma de dinero, pero sus tutores le robaron todo. Demóstenes decidió hacerse abogado y llevar a juicio a los perpetradores de ese acto. Pero un abogado debía ser un orador elocuente, y él era atroz para eso. Así, optó por renunciar al derecho; parecía una ocupación demasiado difícil. Con el poco dinero que tenía, se retiraría del mundo e intentaría dominar de algún modo su defecto del habla. Después podría seguir al menos una carrera pública.

Construyó un estudio subterráneo donde pudiera practicar solo. Se afeitó media cabeza para avergonzarse de presentarse en público. A fin de vencer su tartamudeo, caminaba por la playa con la boca llena de guijarros, para obligarse a hablar sin parar, con más fuerza y energía que las olas. Escribía discursos que recitaba mientras subía corriendo pendientes empinadas, para desarrollar mejores técnicas de respiración. Instaló un espejo en su estudio, para poder monitorear su expresión facial mientras declamaba. Trababa conversaciones con quienes lo visitaban, y medía los efectos de cada palabra o entonación. Un año después de esta práctica dedicada, había eliminado por completo su tartamudeo, y era ya un orador más que aceptable. Decidió regresar al derecho, pese a todo. Con cada nuevo caso que ganaba, su seguridad en sí mismo alcanzaba nuevas alturas.

Comprendiendo el valor de la práctica, más tarde se ocupó en mejorar su estilo oratorio. Poco a poco se transformó en el máximo orador de la antigua Atenas. Esta nueva confianza se traslucía en todo lo que hacía. Se convirtió en un político importante, renombrado por su intrepidez ante cualquier enemigo.

Cuando te tomas tiempo para dominar un procedimiento sencillo y vencer una inseguridad básica, desarrollas ciertas habilidades que pueden aplicarse a todo. Ves al instante la recompensa de la paciencia, la práctica y la disciplina. Tienes la sensación de que puedes resolver de igual forma casi cualquier problema. Creas un patrón de seguridad en ti mismo que no cesa de reforzarse.

INTERIORIZA LAS REGLAS DEL JUEGO

Como estudiante de leyes en la Howard University a principios de los años treinta, Thurgood Marshall contempló muchas injusticias que experimentaban los negros en Estados Unidos, pero la que más le irritaba eran las inmensas desigualdades educativas. Había recorrido el sur en misiones de investigación para la National Association for the Advancement of Colored People (NAACP), y comprobó personalmente la pésima calidad de las escuelas reservadas a los negros. Él mismo, además, había sentido esta injusticia. Su deseo había sido asistir a la University of Maryland, cerca de su ciudad, que contaba con una excelente escuela de leyes. Pero en ella no se admitía a estudiantes negros, fuera cual fuese su historial académico. Se les destinaba a universidades negras como Howard, entonces inferiores. Marshall juró que algún día, por algún medio, contribuiría a desmontar ese sistema injusto.

Tras graduarse en Howard en 1933, encaró una decisión crucial para su futuro. Se le había ofrecido una beca en la Harvard University para estudiar un posgrado en derecho. Era una oportunidad increíble. Podía hacerse un buen lugar en el mundo académico y promover sus ideas en varias publicaciones. Aparte, la Gran Depresión estaba en su apogeo, y escaseaban los empleos para los negros; un título de Harvard le aseguraría un futuro próspero. Pero algo lo empujó en la dirección contraria; decidió poner un despacho privado en Baltimore y aprender en el terreno cómo funcionaba el sistema de justicia. Al principio pareció que había tomado una mala decisión; tenía poco trabajo y sus deudas crecían. Perdía los pocos casos que le llegaban, y no sabía por qué. El sistema de justicia parecía poseer sus propias reglas y códigos, a los que él no tenía acceso.

Marshall decidió emplear una singular estrategia para remediar esa situación. Primero se cercioró de que sus expedientes fueran obras maestras de la investigación y el detalle, sin errores ni enmendaduras. Se empeñó en vestir siempre en forma absolutamente profesional y en actuar con extrema cortesía, aunque sin parecer servil ni reverente. En otras palabras, no daba a nadie el menor pretexto para censurarlo. De este modo atenuó la desconfianza, empezó a ganar algunos casos y logró entrar al mundo de los abogados blancos. Luego estudió atentamente ese mundo. Percibió la importancia de ciertas relaciones y amistades, redes de poder que no conocía. Se dio cuenta de que ciertos jueces requerían un trato especial. Aprendió a hablar el idioma del medio y a encajar socialmente. Descubrió que en la mayoría de los casos era preferible discutir sobre detalles de procedimiento que acerca de grandes conceptos.

Sabiendo cómo maniobrar dentro de esas reglas y convenciones, cada vez ganó más casos. En 1935 se enfrentó contra la University of Maryland en nombre de un estudiante negro rechazado de la escuela de leyes de esa institución, y ganó. En adelante usó sus conocimientos para combatir toda forma de discriminación en el sistema educativo, lo que culminó en 1954 con su mayor triunfo, la defensa ante la Suprema Corte de Justicia de Estados Unidos del caso Brown *vs.* Board of Education. La decisión de la Corte, a su favor, dejó sin bases la discriminación educativa en ese país. Lo que Marshall (más tarde el primer afroestadunidense en la Suprema Corte) aprendió al sumergirse en el sistema de justicia de su época, controlado por los blancos, fue que el proceso social es tan importante como el legal o técnico. Eso no se enseñaba en la escuela de leyes, pero aprenderlo fue la clave que le permitió operar en el sistema y promover la causa por la que luchaba.

Entiende: cuando ingresas a un grupo laboral o profesional, toma en cuenta que todo tipo de reglas rigen la conducta de sus miembros: valores éticos, redes de poder por respetar, patrones a seguir para actuar en forma satisfactoria. Si no observas y aprendes pacientemente esas reglas, cometerás toda clase de errores sin saber por qué o cómo. Concibe las habilidades sociales y políticas como un oficio que debes dominar tan bien como cualquier otro. En la fase inicial de tu aprendizaje, haz como Marshall y opaca tus colores. Tu meta no es deslumbrar a los demás, sino conocer esas convenciones desde dentro. Indaga errores significativos de integrantes del grupo, por los que han pagado un precio; esto revelará tabúes particulares de esa cultura. Conociendo a fondo esas reglas, podrás manejarlas en tu beneficio. Si te ves frente a un sistema injusto y corrupto, es mucho más eficaz que conozcas sus códigos desde dentro y descubras sus vulnerabilidades. Sabiendo cómo funciona, podrás destruirlo, para bien.

PRESTA ATENCIÓN A LOS DETALLES

Como joven estudiante de arte en la Italia de fines del siglo xv, Miguel Ángel tuvo que afrontar una limitación personal. Tenía grandes ideas de lo que quería pintar y esculpir, pero no la habilidad necesaria para hacerlo. Veía las obras maestras de otros artistas y quería que las suyas tuvieran un aura y efecto semejante, pero se sentía insatisfecho con lo plano y convencional de sus creaciones. Hizo un experimento: se puso a copiar hasta la última pincelada de sus obras maestras favoritas, y descubrió que el efecto que tanto admiraba estaba engastado en ciertos detalles; la forma en que esos artistas hacían figuras o paisajes cobraba vida gracias a su particular atención a los pormenores. Así dio inicio el aprendizaje extraordinario de su arte, que perduraría el resto de su vida y alteraría por completo su manera de pensar.

Al crear sus esculturas, Miguel Ángel se obsesionó con la estructura de los huesos, pero los libros y técnicas sobre el tema parecían lamentablemente insuficientes. Entonces se puso a disecar cadáveres humanos, uno tras otro. Esto le dio una idea clara de la anatomía humana, que podría reproducir en su obra. Se interesó en la textura; cómo cada tipo de tela se plegaba de modo diferente. Se esmeró en perfeccionar su representación de la ropa. Extendió su estudio de los detalles a los animales y sus movimientos. Cuando se le encargaban piezas de gran tamaño, evitaba su antigua tentación de partir de un gran concepto; en cambio examinaba el material con que trabajaría, el espacio, las figuras que comprendería la pieza, y con base en ello concebía la forma y efecto general. En la atención absoluta a los detalles pareció haber descubierto el secreto para que sus figuras cobraran vida, muy por encima de cualquier otro artista de su tiempo.

Es común que inicies un proyecto por el extremo equivocado. Tiendes a pensar primero lo que quieres lograr, imaginando la gloria y dinero que eso te producirá. Luego das vida a tu concepto. Pero al avanzar pierdes la paciencia, porque los pasos hacia tu meta no son, ni con mucho, tan emocionantes como las visiones ambiciosas en tu mente. Sigue el método opuesto, que te dará resultados muy distintos. Si tienes un proyecto por cumplir, comienza por sumergirte en los detalles. Analiza los materiales con que tienes que trabajar, los gustos de tu público y los adelantos tecnológicos más recientes en el campo. Disfruta profundizando en esas minucias; tu investigación ha de ser intensa. A partir de esos conocimientos, da forma al proyecto, basándolo en la realidad, no en conceptos insustanciales. Operar de esta manera te ayudará a apaciguar tu mente y tener paciencia para el trabajo detallado, habilidad esencial para dominar cualquier oficio.

REDESCUBRE TU PERSISTENCIA NATURAL

Todos enfrentamos este dilema: lograr algo valioso en la vida suele llevar tiempo, a menudo años. Pero nos cuesta mucho trabajo manejar periodos tan largos. Estamos inmersos en la vida cotidiana; nuestras emociones fluctúan con cada encuentro. Siempre tenemos deseos inmediatos por satisfacer. En el largo periodo que necesitamos para cumplir una meta, nos asaltan miles de distracciones y tentaciones, al parecer más interesantes. Perdemos de vista nuestros objetivos y acabamos desviándonos. Ésta es la causa de muchos de nuestros fracasos en la vida.

Para vencer cualquier obstáculo o tentación debes ser persistente. De niños todos teníamos esta cualidad, porque éramos resueltos; sencillamente redescubre y vuelve a desarrollar ese rasgo de tu carácter. Comprende primero el papel que tu nivel de energía ejerce en el dominio de un procedimiento y la culminación de algo. Si adoptas metas adicionales o nuevas tareas, perderás tu concentración, y nunca alcanzarás lo que querías en primer término. No puedes persistir en dos o tres caminos a la vez, así que evita esta tentación. Segundo, divide las cosas en bloques temporales más pequeños. Tienes una gran meta, pero hay que dar pasos sobre la marcha, y pasos dentro de esos pasos. Los pasos representan meses en lugar de años. Cumplir estas metas menores te dará una sensación de recompensa y progreso tangible. Esto te permitirá evitar distracciones y seguir adelante con valentía. Recuerda: todo debe dar pie a un ataque sostenido y persistente de tu parte.

Cambio de perspectiva

Por lo común experimentamos el aburrimiento como algo desagradable y por eludir a toda costa. Desde niños desarrollamos el hábito de buscar una actividad al instante para eliminar esa sensación. Pero, de repetirse mucho, también esta actividad se vuelve aburrida. Así, toda la vida debemos buscar diversiones novedosas: nuevos amigos, nuevas tendencias por seguir, otras formas de entretenimiento, religiones o causas nuevas en las que creer. Esta búsqueda podría inducirnos a cambiar de carrera y llevarnos de acá para allá, en pos de algo que sofoque esa sensación. Pero en todos esos casos la raíz del problema no es el aburrimiento, sino nuestra relación con él.

Ve el aburrimiento desde la perspectiva contraria: como un llamado a ir más despacio, a dejar de buscar distracciones. Esto podría significar obligarte a pasar tiempo a solas, para vencer tu incapacidad infantil a estar quieto. Cuando te abras paso en ese hastío autoimpuesto, descubrirás que tu mente responde: se te ocurrirán ideas nuevas e inesperadas con las que llenar ese vacío. Para poder sentirte inspirado, antes debes experimentar un momento de vacuidad. Usa esos momentos para evaluar tu día y saber adónde vas. Es un alivio no sentir la constante necesidad de entretenimiento externo.

En un nivel más alto de esta reeducación, podrías elegir un libro para vencer tu hastío; pero en vez de que la lectura sea un procedimiento pasivo de diversión, puedes sostener en tu mente una discusión animada con el autor, y hacer que el libro cobre vida en tu cabeza. En un momento posterior, asume una actividad extra –cultural o física– cuyo dominio requiera un procedimiento repetitivo. Descubrirás un efecto calmante en el elemento recurrente. El aburrimiento se convertirá así en tu gran aliado. Te ayudará a aflojar el paso y desarrollar paciencia y disciplina. Gracias a este procedimiento, soportarás los inevitables momentos vacíos de la vida y los transformarás en placeres privados.

> **Ahora bien, existen [...] individuos que preferirían perecer a trabajar sin gozar de su labor; son exigentes [...] y no tienen interés en copiosas recompensas si el trabajo no es en sí mismo la mayor de ellas [...] No temen el hastío tanto como el trabajo sin placer; en realidad, deben aburrirse mucho para que su labor sea satisfactoria. Porque [...] para todos los espíritus ingeniosos, el hastío es ese desagradable "sosiego" del alma que precede a un feliz viaje y vientos propicios.**
>
> **–Friedrich Nietzsche**

CAPÍTULO 9

Rebasa tus límites: Fe en ti mismo

Tu concepto de ti determinará tus actos y lo que logres en la vida. Si crees que tu alcance es limitado, que no puedes ante tantas dificultades, que es mejor que no ambiciones demasiado, recibirás lo poco que esperas. Conociendo esta dinámica, prepárate para lo opuesto: para pedir más, apuntar alto y pensarte destinado a algo grande. Tu autoestima depende de ti, no de la opinión de los demás. Con creciente confianza en tus aptitudes, correrás riesgos que aumentarán tus posibilidades de éxito. La gente sigue a quienes saben adónde van, así que cultiva un aire de audacia y certidumbre.

La ambición del traficante

Permíteme señalar que la libertad no es algo que se pueda dar a alguien; la libertad se toma, y se es tan libre como se quiere.

—James Baldwin

La madre de Curtis Jackson, Sabrina, tenía una gran ambición en la vida: juntar como fuera dinero suficiente para irse del barrio con su hijo. Tuvo a Curtis cuando tenía quince años, y a esa edad el único medio razonable para ganar dinero era traficar drogas. Esta vida era particularmente peligrosa para una mujer, así que ella se creó una presencia amedrentadora para protegerse. Era más dura y valiente que muchos compañeros del oficio. Su única debilidad era su hijo; no quería que el tráfico fuera su destino. Para resguardarlo de una vida como la suya, lo dejaba con sus padres en Southside Queens. Seguido llegaba con regalos para el niño, y a cuidarlo. Pronto se mudarían a un lugar mejor.

A raíz de un problema relacionado con la droga, Sabrina fue asesinada cuando tenía veintitrés años, y desde ese momento el destino de Curtis en este mundo pareció sellado. Estaba solo, sin padres ni un mentor que lo guiara. Era casi seguro que el escenario siguiente se haría realidad por sí solo: vagaría por la vida en las calles. Para demostrar su agresividad, tendría que recurrir a la violencia e incluso al crimen. Se dirigiría paso a paso hacia el sistema penitenciario, al que quizá regresaría en diversas ocasiones. Su vida se restringiría básicamente al barrio, y ya mayor tal vez acudiría a las drogas o al alcohol para mantenerse a flote, o, en el mejor de los casos, a una sucesión de empleos de baja categoría. Todas las estadísticas sobre niños sin padres en un entorno como aquél apuntaban a ese futuro limitado y sombrío.

Pero en la mente de Curtis cobraba forma algo muy distinto. Sin su madre, cada vez pasaba más tiempo solo, y empezó a complacerse en fantasías que lo llevaban más allá de su barrio. Se veía como líder de algún tipo, tal vez en los negocios o la guerra. Visualizaba en gran detalle los lugares donde viviría, los automóviles que manejaría, el mundo exterior que un día exploraría. Una vida de libertad y posibilidades. Sin embargo, éstas no eran meras fantasías: eran realidades, estaban destinadas a ocurrir. Él las veía claramente. Más todavía, sentía que su madre lo cuidaba; su ambición y energía estaban ahora dentro de él.

Por extraño que parezca, Curtis seguiría sus pasos con el mismo plan: traficar y salir del juego. Para evitar el destino de su madre, se forjó la firme creencia de que nada podría detenerlo: una bala, las intrigas de otros traficantes, la policía. Esas calles no lo limitarían.

En mayo de 2000, Curtis (ya 50 Cent) sobrevivió de algún modo a las nueve balas que un asesino a sueldo le descargó. El momento del ataque fue particularmente intenso: tras años de merodear en la calle y en la música, su primer álbum estaba por aparecer. Pero a causa del atentado, Columbia Records canceló el lanzamiento y sacó a Fifty de su catálogo. Tendría que empezar de nuevo. En los meses siguientes, mientras se recuperaba de sus heridas tendido en cama, empezó a reconstruirse mentalmente, como lo había hecho luego del asesinato de su madre. Vio en su mente, con más detalle que antes, el camino que seguiría. Conquistaría el mundo del rap con una campaña de promoción de sus grabaciones como no se había visto nunca. Así sería gracias a su enorme energía, su persistencia, la aún más intensa música que crearía y la imagen de *gangsta* indestructible que proyectaría.

Un año después del ataque, iba en camino de hacer realidad esa visión. Sus primeras canciones causaron furor en las calles. Sin embargo, al avanzar en su marcha vio que aún le bloqueaba el paso un gran impedimento: sus asesinos querían terminar el trabajo, y podían presentarse en cualquier momento. Fifty se vio obligado a no llamar la atención y esconderse, pero era intolerable sentirse perseguido. No viviría así; decidió que necesitaba un grupo de discípulos fieles que lo protegieran y le ayudaran a no sentirse aislado.

Para obtener esto, pidió a sus mejores amigos convocar a una reunión en casa de sus abuelos, en Southside Queens. Debían invitar a sus fans más fervientes en el barrio, los jóvenes a quienes sabían leales y confiables. Todos tendrían que portar armas, para proteger la calle antes de que él llegara.

Cuando, el día de la reunión, Fifty entró a la sala de la casa de sus abuelos, sintió la emoción y energía acumuladas. Había más de veinte muchachos, todos ellos dispuestos a cumplir sus órdenes. Él les describió su muy precisa visión del futuro. Su música ya tenía éxito, pero tendría mucho más. Estaba seguro de que en dos años conseguiría un contrato importante. En su mente ya oía las canciones de su primer disco, visualizaba la cubierta y el concepto general: sería la historia de su vida. Este disco, les aseguró, tendría un éxito exorbitante, porque él había encontrado una suerte de fórmula para hacer y comercializar grandes hits. Él no era la estrella de rap usual, explicó. No estaba metido en eso porque le interesara el oropel o la atención, sino por el poder. Usaría el dinero de las ventas de sus discos para poner empresas propias. Era su destino; estaba escrito que todo en su vida pasara como pasó, aun su frustrado asesinato, aun la reunión de esa tarde.

Forjaría un emporio y los quería a todos consigo. Les daría cuanto necesitaran, siempre y cuando demostraran ser confiables y compartieran su propósito. Podrían ser raperos en la compañía disquera que él formaría, o gerentes de sus giras, o asistir a la universidad y titularse: él pagaría todo. "Son mi manada", explicó; "pero nada de esto sucederá si el lobo alfa es sacrificado." Les pedía ayuda a cambio: protección, contacto con lo que ocurría en las calles y parte del trabajo inicial de promoción y distribución de sus grabaciones. Necesitaba seguidores, y ellos eran los elegidos.

Casi todos aceptaron, y al correr de los años muchos acabaron en puestos importantes en el creciente imperio de Fifty. Y si se hubieran detenido a pensarlo, habrían juzgado increíble que el futuro se haya parecido tanto al cuadro que él les pintó tiempo atrás.

Para 2007, luego del enorme éxito de sus dos primeros discos, Fifty vio un problema asomarse en el horizonte. Había creado una imagen destinada al público, un Fifty mítico centrado en una presencia agresiva, amenazadora e indestructible. La proyectaba en sus videos y entrevistas, lo mismo que en sus fotos, con su fija mirada y sus tatuajes. Casi todo esto era real, pero se le exageraba para dramatizar el efecto. Esta imagen le había atraído mucha atención, pero se había convertido en una trampa complicada. Para demostrar a sus fans que era el mismo de siempre, tendría que seguir revirando, haciendo payasadas cada vez más extravagantes. No podía permitirse dar la impresión de que se había ablandado. Sin embargo, eso ya no era cierto. Su vida era otra, y mantenerse asido a esa imagen del pasado resultaría el mayor límite a su libertad. Quedaría atrapado en el pasado y preso de la imagen que él mismo había producido. Todo se estropearía, y su popularidad se vendría abajo.

En cada fase de su vida, un obstáculo aparentemente insuperable lo había desafiado: sobrevivir en la calle sin padres que lo guiaran, mantenerse alejado de la violencia y la cárcel, eludir a asesinos que lo perseguían, etcétera. Si en cualquier momento hubiera dudado de sí o aceptado los límites normales a su movilidad, habría muerto, o se habría sentido impotente, lo que en su opinión era tanto como morir. En cada caso lo había salvado su intensa ambición y fe en sí mismo.

No era momento de volverse complaciente o dudar del futuro. Tendría que transformarse de nuevo. Se quitaría sus tatuajes distintivos; quizá también cambiaría otra vez de nombre. Crearía una imagen y un mito nuevos, acordes con ese periodo de su vida: en parte magnate de negocios, en parte gestor de poder, retirándose poco a poco de la mirada pública y mostrando su fuerza tras bastidores. Esto sorprendería al público, lo mantendría a él un paso adelante de las expectativas de la gente y eliminaría otra barrera a su libertad. Reinventarse así sería el vuelco supremo del destino que parecía aguardarle desde la muerte de su madre.

La actitud del valiente

Tu opinión de ti se vuelve tu realidad. Si dudas de ti, nadie te creerá y todo saldrá mal. Si piensas lo contrario, sucederá lo contrario. Así de simple.

—50 Cent

Al nacer, llegaste a este mundo sin identidad ni ego. Eras simplemente un atado de impulsos y deseos caóticos. Pero poco a poco adquiriste una personalidad, que has desarrollado más o menos a lo largo de los años. Eres sociable o tímido, audaz o asustadizo; una combinación de diversos rasgos que te definen. Tiendes a aceptar esta personalidad como algo real y establecido. Pero gran parte de esa identidad está determinada y hecha por fuerzas externas: los juicios y opiniones de los cientos de personas que se han cruzado en tu camino al paso de los años.

Este proceso se inició con tus padres. De niño prestabas demasiada atención a lo que ellos decían de ti, y modelabas tu conducta para conseguir su amor y aprobación. Monitoreabas con cuidado su lenguaje corporal para ver qué les gustaba y qué no. Gran parte de esto tuvo un impacto enorme en tu evolución. Si, por ejemplo, comentaban que eras tímido, esto pudo reforzar fácilmente tus tendencias en esa dirección. Tomaste repentina conciencia de tu torpeza, y eso se fijó dentro de ti. Si hubieran dicho otra cosa, para animarte en tus habilidades sociales a fin de que fueras más comunicativo, el impacto habría sido muy diferente. Como sea, la timidez es un rasgo fluido: oscila según la situación y las personas que te rodean. No debe creérsele un rasgo fijo de personalidad. Con todo, a esos juicios de los padres, amigos y maestros se les concede un peso desmesurado, y se les interioriza.

Muchas de esas críticas y opiniones no son objetivas en absoluto. La gente necesita ver en ti ciertas cualidades. Proyecta en ti sus temores y fantasías. Necesita que te ajustes a un patrón convencional; le resulta frustrante, y a menudo alarmante, no poder entender a alguien. Las conductas consideradas anormales o diferentes, por más que salgan del fondo de ti, se desalientan activamente. En esto también interviene la envidia; si eres demasiado bueno en algo, podría ser que se te haga sentir extraño o indeseable. Aun los elogios suelen planearse para encerrarte en ideales en los que los demás quieren verte. Todo esto determina tu personalidad, limita la variedad de tus conductas y se vuelve una máscara que se endurece sobre tu rostro.

Comprende: eres en realidad un misterio para ti mismo. Iniciaste la vida como un ser único; una combinación de cualidades que nunca se repetirá en la historia del universo. En tus primeros años eras un cúmulo de emociones y deseos encontrados. Luego, algo ajeno a ti se impuso sobre esa realidad. Eres mucho más caótico y fluido que ese carácter superficial; rebosas un potencial y posibilidades desaprovechados.

De niño no podías resistirte a ese proceso, pero como adulto te sería fácil rebelarte y redescubrir tu individualidad. Podrías dejar de derivar tu identidad y autoestima a partir de los demás. Experimentar y rebasar los límites que la gente te ha impuesto. Actuar diferente a como ella espera. Pero esto implica correr un riesgo. Serías poco convencional, quizá un tanto extraño a ojos de quienes te conocen. Podrías fracasar al hacer eso, y ser ridiculizado. Es más cómodo y seguro ajustarte a las expectativas de la gente, aun si esto te hace sentirte mal y restringido. En esencia, tienes miedo de ti y de aquello en lo que podrías convertirte.

Pero existe otra forma, más valiente, de hacerte cargo de tu vida. Empieza librándote de las opiniones de los demás. Esto no es tan fácil como parece. Abandonarás el perpetuo hábito de remitirte continuamente a otros para medir tu valor. Experimenta la sensación de no preocuparte de lo que los demás piensan o esperan de ti. No avances ni retrocedas con sus opiniones en mente. Ahoga su voz, que suele traducirse en dudas dentro de ti. En vez de concentrarte en los límites que has interiorizado, piensa en tu potencial para un comportamiento nuevo y distinto. Puedes alterar y determinar tu personalidad si decides hacerlo de manera consciente.

Apenas si entendemos el papel de la fuerza de voluntad en nuestros actos. Formarte una opinión de ti y de aquello de lo que eres capaz tiene decidida influencia en lo que haces. Por ejemplo, te sientes mejor al correr un riesgo cuando sabes que podrás ponerte en pie si eso fracasa. Correr ese riesgo hará aumentar entonces tu energía; debes vencer ese reto o morir, y hallarás en ti depósitos de creatividad sin explotar. A la gente le gustan los audaces, y su atención y fe en ti tendrán el efecto de aumentar tu seguridad. Sintiéndote menos restringido por la duda, darás rienda suelta a tu individualidad, lo que volverá más efectivo todo lo que hagas. Este tránsito a la seguridad en ti posee una innegable cualidad de cumplimiento automático.

Transitar a la fe en ti no significa que prescindas de los demás y de sus opiniones sobre tus actos. Debes medir sin cesar cómo recibe la gente tu trabajo, y usar sus reacciones lo mejor posible (véase capítulo 7). Pero este proceso debe dar inicio desde una posición de fortaleza interior. Si dependes de los juicios ajenos para sentir que vales, tu ego siempre será débil y frágil. No tendrás centro ni equilibrio. Languidecerás bajo las críticas y te elevarás demasiado con cualquier elogio. Las opiniones de los demás deben ayudarte meramente a dar forma a tu trabajo, no a tu imagen de ti. Si cometes errores o el público te juzga en forma negativa, cuentas con una esencia inquebrantable capaz de aceptar esos juicios, pero sigues convencido de tu valor.

En entornos empobrecidos como el barrio, el concepto de sí misma de la gente y de lo que merece está bajo continuo ataque. Los extraños tienden a juzgarla —como violenta, peligrosa o indigna de confianza— por su origen, como si el accidente del lugar en que nació determinara quién es. La gente del barrio suele interiorizar muchos de esos juicios, y quizá en el fondo siente que no merece gran parte de lo que se considera bueno en este mundo. Quienes desean superar el dictamen del mundo exterior tienen que luchar con el doble de energía y desesperación. Primero deben convencerse de que valen y pueden llegar tan lejos como quieran, gracias a su voluntad. La intensidad de su ambición es el factor decisivo; tiene que ser muy alta. Por eso es común que las figuras más ambiciosas y seguras de la historia emerjan de las condiciones más pobres y rigurosas.

Para quienes vivimos fuera de ese entorno, la "ambición" se ha convertido casi en una mala palabra. Se asocia con personajes históricos como Ricardo III o Richard Nixon. Llegar a la cumbre huele a inseguridad y malicia. Quienes desean tanto poder han de tener problemas psicológicos, o al menos eso pensamos. Gran parte de esta gazmoñería social en torno a la idea del poder y la ambición se desprende de una culpa y deseo inconscientes de someter a los demás. Para quienes ocupan una posición privilegiada, la ambición de los de abajo resulta alarmante y amenazadora.

Si tú procedes de un medio relativamente próspero, es muy probable que estés contaminado de ese prejuicio y debas extirparlo lo más posible. Si crees que la ambición es mala y debe disfrazarse o reprimirse, tendrás que andar de puntitas frente a los demás, fingiendo humildad, indeciso cada vez que proyectes un necesario acto de poder. Si crees que es buena la fuerza impulsora detrás de todas las grandes realizaciones humanas, no sentirás culpa al elevar tu ambición tan alto como quieras y hacer a un lado a quienes bloquean tu camino.

Uno de los hombres más valientes de la historia es, sin duda, Frederick Douglass, el gran abolicionista del siglo XIX. Douglass nació en el sistema más cruel conocido por el hombre: la esclavitud. Este sistema estaba ideado en todos sus detalles para quebrar el espíritu de una persona. Lo hacía separándola de su familia, para que nunca desarrollara vínculos emocionales. Se servía de constantes amenazas y del temor para aplastar toda noción de libre albedrío, y se cercioraba de que los esclavos siguieran siendo analfabetas e ignorantes. Debían formarse únicamente la peor opinión de sí mismos. El propio Douglass sufrió de niño todas esas desgracias, pero, por algún motivo, desde su más tierna infancia supo que valía, que algo fuerte había sido aplastado en él pero que podía volver a la vida. De niño se vio escapando algún día de las garras de la esclavitud, y se nutrió de ese sueño.

En 1828, cuando tenía diez años, su amo lo envió a trabajar a casa de un yerno en Baltimore, Maryland. Douglass interpretó esto como un acto de la providencia en su favor. Significaba que escaparía del arduo trabajo en la plantación y tendría más tiempo para pensar. En Baltimore, la señora de la casa leía continuamente la Biblia, y un día él le preguntó si podía enseñarle a leer. Ella lo complació con gusto, y él aprendía rápido. Pero enterado de eso, el amo reprendió severamente a su esposa: un esclavo nunca tendría permitido leer y escribir. Le prohibió seguir enseñando. Para entonces, Douglass ya podía arreglárselas solo, y conseguía libros y diccionarios a escondidas. Memorizaba discursos famosos, que repasaba en su mente durante el día. Se imaginaba convertido en un gran orador, clamando contra los males de la esclavitud.

Dado su creciente conocimiento del mundo exterior, llegó a resentir con más amargura la vida que se veía forzado a llevar. Esto se contagió a su actitud, y sus amos lo percibieron. Tenía quince años cuando se le mandó a una granja gobernada por un tal Mister Covey, cuya única tarea en la vida era doblegar el espíritu de los esclavos rebeldes.

Pero no tuvo éxito. Douglass había creado en su mente una identidad propia, que no se correspondía con la que Covey quería imponerle. Esta imagen de su alto valor, en la que creyó con todas sus fuerzas, se haría realidad. Mantuvo su libertad interior y su cordura. Convirtió todos los azotes y maltratos en acicate para escapar al norte; eso le dio más material para poder compartir un día con el mundo los males de la esclavitud. Años después logró huir al norte. Ahí fue un abolicionista importante, fundaría su propio periódico y rebasaría siempre los límites que los demás trataban de imponerle.

Entiende: la gente te atacará sin cesar en la vida. Una de sus principales armas será hacerte dudar de ti: tu valor, tus capacidades, tu potencial. A menudo disfrazará esto de opinión objetiva, pero invariablemente tendrá un propósito político: someterte. Tú sueles creer esas opiniones, en particular si tu imagen de ti mismo es frágil. Pero en todo momento puedes desafiar a la gente y negarle ese poder. Lo haces si mantienes un propósito, un destino elevado por cumplir. Desde esa posición, los ataques de los demás no te harán daño; sólo te enojarán y afianzarán tu resolución. Entre más alto lleves esa imagen de ti, menos juicios y manipulaciones tolerarás. Esto se traducirá en menos obstáculos en tu camino. Si alguien como Douglass pudo forjar esta actitud en las circunstancias más oprobiosas, es indudable que también nosotros podemos encontrar nuestro camino a esa fortaleza interior.

Claves para la valentía

Los libres e irrestrictos deseos personales, el capricho propio [...] todo eso es justo lo que no cabe en ninguna clasificación, y lo que sacude sin pausa todos los sistemas y teorías. ¿De dónde sacaron nuestros sabios la idea de que el hombre debe tener deseos normales y virtuosos? Lo único que el hombre necesita son sus deseos independientes, cueste lo que cueste esa independencia y adondequiera que pueda llevar.

—Fiodor Dostoyevski

En el mundo actual, nuestra idea de libertad gira en alto grado alrededor de nuestra capacidad para satisfacer ciertas necesidades y deseos. Nos sentimos libres si podemos conseguir el empleo que deseamos, comprar las cosas que necesitamos y actuar como queramos, en tanto no perjudiquemos a los demás. De acuerdo con este concepto, la libertad es algo esencialmente pasivo; nos es dada y garantizada por el gobierno (con frecuencia no entrometiéndose en nuestros asuntos) y por diversos grupos sociales.

Pero hay un concepto de libertad totalmente diferente. No es algo que los demás nos concedan como privilegio o derecho. Es un estado de ánimo que debemos empeñarnos en alcanzar y mantener, con grandes esfuerzos. Algo activo, no pasivo. Resulta de ejercer el libre albedrío. En nuestra vida diaria, buena parte de nuestros actos no son libres e independientes. Tendemos a ajustar nuestra conducta y pensamiento a las normas sociales. Generalmente actuamos por costumbre, sin pensar mucho por qué hacemos las cosas. Cuando actuamos con libertad, ignoramos la presión a adecuarnos; vamos más allá de nuestras rutinas usuales. Haciendo valer nuestra voluntad e individualidad, actuamos por cuenta propia.

Supongamos que tenemos una carrera que nos rinde suficiente dinero para vivir confortablemente y nos ofrece un futuro razonable. Pero que nuestro trabajo no es del todo satisfactorio; no nos lleva adonde queremos. Tal vez también debemos tratar con un jefe difícil e imperioso. Nuestros temores por el futuro, nuestros cómodos hábitos y nuestro sentido de la propiedad nos empujarán a quedarnos. Todos estos factores son fuerzas que nos limitan y restringen. Pero en cualquier momento podríamos librarnos de nuestro miedo y abandonar ese empleo, sin saber adónde vamos, pero seguros de que podemos mejorar. En ese instante ejerceremos nuestro libre albedrío. Éste surge de nuestros deseos y necesidades más profundos. Una vez que partamos, nuestra mente estará a la altura del desafío. Para continuar por ese camino, tendremos que seguir actuando de modo independiente, porque no podremos depender de que nuestros hábitos o amigos nos mantengan a flote. La libertad de acción tiene un empuje propio.

Muchos aducirán que la idea de la libertad activa es básicamente una ilusión. Somos producto de nuestro entorno, dirán. Si la gente tiene éxito es porque se benefició de circunstancias sociales favorables; estuvo en el lugar indicado en el momento preciso; recibió la educación y mentoría adecuadas. Su fuerza de voluntad tuvo algo que ver, sin duda, pero poco. En otras circunstancias, según este argumento, esas personas no habrían triunfado, por recia que hubiera sido su voluntad.

Podrían recitarse toda suerte de estudios y estadísticas en apoyo a este argumento, pero en definitiva ese concepto es producto de nuestro tiempo y del énfasis en la libertad pasiva. Elige centrarse en las circunstancias y el entorno, como si los actos excepcionalmente libres de un Frederick Douglass también pudieran explicarse por su fisiología o la suerte que tuvo de aprender a leer. A fin de cuentas, esa filosofía *necesita* negar la libertad esencial que tenemos todos de tomar una decisión con independencia de fuerzas externas. Necesita disminuir la individualidad; da a entender que somos meros productos de un proceso social.

Comprende: en cualquier momento podrías tirar a la basura esa filosofía y sus ideas, haciendo algo irracional e inesperado, contrario a lo que has hecho antes, un acto imposible de explicar por tu educación o sistema nervioso. Lo que te impide actuar así no es mamá, papá o la sociedad, sino tus temores. En esencia, eres libre de rebasar todos los límites que los demás te han puesto, para recrearte tanto como desees.

Si en el pasado tuviste una experiencia sumamente dolorosa, podrías optar por permitir que ese dolor persista, para hundirte en él. Decidir convertirlo en enojo, una causa por promover u otra modalidad de acción. O simplemente olvidarlo y seguir adelante, disfrutando de la libertad y poder que esto te brinda. Nadie puede quitarte estas opciones ni forzar tu respuesta. Esto es asunto tuyo.

Pasar a esa forma activa de libertad no quiere decir que te entregues a actos desenfrenados e irreflexivos. Tu decisión de alterar una trayectoria profesional, por ejemplo, debería basarse en la detenida consideración de tus fortalezas, deseos más profundos y el futuro que quieres. Debería derivarse de pensar por ti mismo y no aceptar lo que los demás piensan de ti. Así, no te mueve la emoción ni corres riesgos impulsivos, sino calculados. La necesidad de ajustarte a los demás y complacerlos tendrá siempre un papel en tus actos, de manera consciente o inconsciente. Ser totalmente libre es imposible e indeseable. Sólo explora un margen de acción más libre en tu vida, y el poder que puede brindarte.

Lo que nos impide seguir esta dirección es la presión a adaptarnos, nuestros rígidos patrones de pensamiento usuales y nuestros temores y dudas de nosotros mismos. He aquí cinco estrategias que te ayudarán a traspasar estos límites.

DESAFÍA TODA CLASIFICACIÓN

De niña, en Kansas, a principios del siglo XX, Amelia Earhart se sentía fuera de lugar. Le gustaba hacer las cosas a su manera: jugar rudo con los niños, pasar horas leyendo libros o desaparecer en largas excursiones. Se inclinaba a conductas que otros consideraban extrañas y heterodoxas; la expulsaron del internado por caminar en camisón por la azotea. Al crecer sintió una fuerte presión a aplacarse y ser como las demás jóvenes. Pero aborrecía el matrimonio y las restricciones que representaba para las mujeres, así que buscó una carrera, y probó toda clase de empleos. Sin embargo, ansiaba retos y aventuras, y los puestos a su disposición eran serviles e insignificantes.

Un día de 1920 dio un breve paseo en avión y de pronto supo que había hallado su vocación. Tomó lecciones y se hizo piloto. En el aire sentía la libertad que siempre había buscado. Conducir un avión era un constante reto físico y mental. Podría expresar el lado temerario de su carácter, su amor a la aventura y su interés por la mecánica del vuelo.

A las pilotos de la época no se les tomaba en serio. Eran los hombres quienes implantaban récords y abrían brecha. Para combatir eso, Earhart tuvo que traspasar los límites lo más posible, consiguiendo proezas aéreas que llegaran a los titulares de los diarios y aportaran algo a la profesión. En 1932 fue la primera piloto en cruzar sola el Atlántico, en el que resultaría su vuelo más difícil y peligroso. En 1935 pensó en cruzar el golfo de México. Uno de los pilotos más famosos de la época le dijo que era demasiado arriesgado y no valía la pena. Sintiendo un reto en eso, Earhart decidió efectuar el vuelo de todas maneras, y lo consumó con relativa facilidad, demostrando cómo se debía hacer.

Si en algún momento de su vida Amelia Earhart hubiera sucumbido a la presión de ser como los demás, habría perdido la magia que parecía rodearla al tomar su propio camino. Decidió seguir siendo ella misma, pasara lo que pasara. Vestía a su poco convencional manera y expresaba sus opiniones políticas aunque se considerara impropio. Cuando el famoso publicista y promotor George Putnam le pidió matrimonio, ella aceptó con la condición de que él firmara un contrato en que garantizara que respetaría su deseo de máxima libertad en la relación.

Quienes la conocían comentaban invariablemente que en realidad no era masculina ni femenina, y ni siquiera andrógina, sino completamente ella misma, una combinación única de cualidades. Esto era lo que fascinaba de ella y la mantenía en primer plano. En 1937 intentó el vuelo más osado de su carrera: dar la vuelta al mundo vía el ecuador, con una escala en una diminuta isla del Pacífico. Earhart desapareció cerca de esa isla y su cuerpo no se encontró nunca, lo que contribuyó a su leyenda como la aventurera perfecta que hizo todo a su modo.

Entiende: el día en que naciste iniciaste una lucha que continúa hasta la fecha y que determinará tu éxito o fracaso en la vida. Eres un individuo, con ideas y habilidades que te hacen excepcional. Pero la gente se obstina en meterte en categorías estrechas que te vuelvan más predecible y manejable. Quiere verte tímido o sociable, sensible o duro. Si sucumbes a esta presión tal vez obtengas cierta aceptación social, pero perderás las partes poco convencionales de tu carácter, que son la fuente de tu singularidad y poder. Debes resistirte a ese proceso a toda costa, y ver como restricción los honrados juicios de la gente. Tu tarea es conservar o redescubrir los aspectos de tu carácter que desafían la clasificación, y darles rienda suelta. Preservando tu singularidad crearás algo único, lo que inspirará un respeto que nunca recibirías por tu tibia adecuación.

REINVÉNTATE UNA Y OTRA VEZ

De niño, el futuro presidente estadunidense John F. Kennedy era muy endeble y propenso a enfermedades. Pasó mucho tiempo en hospitales y tenía un aspecto frágil y enclenque. Con base en estas experiencias, desarrolló horror por todo lo que le hiciera sentir sin control de su vida. Y una forma de impotencia le irritaba en par-

ticular: que se le juzgara por su apariencia. La gente lo consideraba frágil y débil, subestimando la fortaleza interior de su carácter.
Inició entonces el duradero proceso de arrebatar a los demás ese
control, recreándose y proyectando constantemente la imagen que
quería que la gente viera de él.

De joven se le creía el hijo hedonista de un padre poderoso, así
que al estallar la segunda guerra mundial, y pese a sus limitaciones físicas, se alistó en la marina, resuelto a mostrar otro lado de
sí. Siendo teniente de un torpedo patrulla en el Pacífico, su embar-
cación fue embestida y partida en dos por un destructor japonés.
Por tanto, procedió a poner a salvo a sus hombres, en una forma
que le ganó numerosas medallas al mérito. En ese incidente exhi-
bió una desconsideración casi insensible de su vida, quizá en un
intento definitivo para probar su masculinidad. En 1946 decidió
contender por un escaño en el congreso, y se sirvió de su historial
de guerra para crear la imagen de un joven que lucharía con igual
arrojo por sus electores.

Años más tarde, ya como senador se dio cuenta de que mucha
gente lo veía como un peso ligero: joven y aún por demostrar su
valor. Así que optó por reinvertarse de nuevo, esta vez escribien-
do (junto con el redactor de sus discursos, Theodore Sorenson) el
libro *Profiles in Courage*, catálogo de historias de senadores famosos que desafiaron las convenciones y lograron grandes cosas. Este
libro ganó un premio Pulitzer y, sobre todo, alteró por completo la
imagen que la gente tenía de Kennedy. Ya se le consideraba serio e
independiente, y que seguía el camino de los senadores sobre los
que había escrito, obviamente el efecto buscado.

Al contender por la presidencia, en 1960, se le subestimó una
vez más. Se le veía como un joven senador católico liberal incapaz de atraer a las mayorías. En esta ocasión decidió reproyectar-
se como el profeta inspirador que sacaría a la nación del bache del
periodo de Eisenhower, haciéndola volver a sus raíces pioneras y
creando un propósito unificado. Era una imagen de vigor y juventud (contraria a su constante debilidad física), que resultó suficientemente persuasiva para cautivar a los votantes y ganar la elección.

Entiende: la gente te juzga por tu apariencia, la imagen que proyectas con tus actos, palabras y estilo. Si no tomas el control de este proceso, ella te verá y definirá como quiera, a menudo en tu detrimento. Quizá creas que ser congruente con esa imagen hará que se te respete y se confíe en ti, pero lo cierto es lo contrario: con el tiempo parecerás predecible y débil. La congruencia es de todas formas una ilusión; cada día que pasa trae cambios en ti. No temas expresar esas evoluciones. Los poderosos aprenden pronto en la vida que son libres de moldear su imagen, ajustándola a las necesidades y ánimo del momento. Así mantienen confundidos a los demás y conservan un aire de misterio. Sigue este camino y disfruta del enorme placer de reinventarte, como autor de tu propio drama.

SUBVIERTE TUS PATRONES

Los animales dependen de sus instintos y hábitos para sobrevivir. Los seres humanos dependemos de nuestro pensamiento consciente y racional, el cual nos brinda más libertad de acción, la posibilidad de alterar nuestra conducta de acuerdo con las circunstancias. Sin embargo, la parte animal de nuestra naturaleza, esa compulsión a repetir lo mismo, tiende a dominar sobre nuestra manera de pensar. Sucumbimos a patrones mentales, lo que hace que nuestros actos también sean repetitivos. Éste fue el problema que obsesionó al gran arquitecto Frank Lloyd Wright, quien ideó una solución excelente.

Como joven arquitecto en la década de 1890, Wright no entendía por qué la mayoría en su profesión optaba por diseñar edificios basados en patrones. Las casas tenían que seguir cierto modelo, determinado por el costo y los materiales. Un estilo se volvía popular y se le copiaba interminablemente. Pero vivir en esas casas o trabajar en tales oficinas hacía que la gente se sintiera fría, como piezas de una máquina. En la naturaleza no hay dos árboles iguales. Un bosque se forma de manera casual, y ésa es su belleza. Wright estaba decidido a seguir este modelo orgánico antes que el modelo de producción en serie de la era de las máquinas. Pese al costo y la energía, resolvió que no habría dos edificios suyos iguales. Extendió eso a su conducta e interacciones con los demás; le gustaba ser caprichoso, hacer lo contrario a lo que sus colegas y clientes esperaban de él. Esta excéntrica manera de trabajar condujo a la creación de diseños revolucionarios que lo convirtieron en el arquitecto más célebre de su tiempo.

En 1934, Edgar Kaufmann, magnate de tiendas departamentales de Pittsburgh, le encargó diseñar una casa de campo frente a una cascada en Bear Creek, en el área rural de Pennsylvania. Wright necesitaba ver un diseño en su mente para poder plasmarlo en el papel; pero para este proyecto no se le ocurría nada, así que decidió jugar un ardid. Ignoró el encargo. Pasaron los meses. Kaufmann se hartó al cabo y le telefoneó; exigía ver el diseño. Wright exclamó que ya estaba listo. Kaufmann dijo que llegaría a verlo en dos horas.

Los colegas de Wright se aterraron: no había trazado una sola línea. Perplejo y en un arranque de energía creativa, Wright se puso a diseñar la casa. No daría hacia la cascada, determinó, sino que se levantaría sobre ella y la incorporaría. Cuando Kaufmann vio el diseño, quedó fascinado. Esa casa se conocería más tarde como Fallingwater, y por lo general se le considera la creación más hermosa de Wright. En esencia, éste obligó a su mente a enfrentar el problema sin investigación ni ideas preconcebidas, sólo al calor del momento. Fue un ejercicio que le permitió liberarse de sus hábitos y crear algo completamente nuevo.

Lo que suele impedirnos usar la fluidez mental y libertad que por naturaleza poseemos son nuestras rutinas físicas. Siempre vemos a las mismas personas y hacemos las mismas cosas, y nuestra mente sigue estos patrones. La solución es terminar con esto. Por ejemplo, en forma deliberada podríamos permitirnos un acto casual, y aun irracional, tal vez haciendo justo lo opuesto de lo que normalmente hacemos en la vida diaria. Actuando como nunca lo hemos hecho nos ponemos en territorio desconocido; nuestra mente se abre naturalmente ante la novedad de la situación. En una vena similar podríamos seguir rutas distintas, visitar lugares extraños, reunirnos con otras personas, despertar a horas inusuales o leer libros que desafían nuestra mente en lugar de embotarla. Deberíamos practicar esto cuando nos sentimos particularmente bloqueados y poco creativos. En esos momentos más nos vale ser implacables con nosotros mismos y nuestros patrones.

CREA UNA SENSACIÓN DE DESTINO

En 1428, soldados estacionados en la guarnición de la ciudad francesa de Vaucouleurs empezaron a recibir visitas de una joven de dieciséis años llamada Jeanne d'Arc (Juana de Arco). Era hija de campesinos humildes de un pueblo cercano, y siempre repetía el mismo mensaje: Dios la había elegido para salvar a Francia de la desesperada situación en que se hallaba. Años atrás el país había sido invadido por los ingleses, quienes tenían al rey francés como rehén en Inglaterra. Ahora estaban a punto de conquistar la ciudad clave de Orleans. El delfín, heredero del trono francés, languidecía en un castillo en el campo, habiendo optado por no hacer nada. Jeanne había tenido visiones de varios santos, que le explicaron con exactitud lo que tenía que hacer: convencer al delfín de darle tropas por llevar a Orleans, derrotar ahí a los ingleses y luego trasladar al delfín a Reims, donde se le coronaría nuevo rey de Francia, bajo el nombre de Carlos VII.

En esa época muchos franceses tenían visiones parecidas, y los soldados que oían a Jeanne no podían menos que mostrarse escépticos. Pero ella era diferente. Pese al desinterés de los soldados, volvía con su mensaje habitual. Nada la desanimaba. Era intrépida y se desplazaba sin escolta entre tantos soldados inquietos. Hablaba toscamente, como cualquier campesina, pero en su voz no había ni sombra de duda y sus ojos ardían de convicción. Estaba segura de sus visiones, y no descansaría hasta cumplir su destino. Sus explicaciones de lo que haría eran tan detalladas que parecían tener la fuerza de la realidad.

Así, algunos soldados terminaron por creer que hablaba en serio y pusieron en marcha una serie de acontecimientos. Convencieron al gobernador local de que les permitiera escoltarla hasta la presencia del delfín. Éste creyó al final su historia y le dio las tropas que solicitaba. Los ciudadanos de Orleans, persuadidos de que estaba destinada a salvarlos, se le unieron y le ayudaron a derrotar a los ingleses. El impulso que ella dio al bando francés continuó durante más de un año, hasta que fue capturada, vendida a los ingleses y, tras un largo juicio, quemada en la hoguera como bruja.

La historia de Jeanne d'Arc demuestra un principio simple: a mayor fe en ti, mayor poder para transformar la realidad. Tener suma seguridad en ti mismo te vuelve audaz y persistente, lo que te permite vencer obstáculos que paran en seco a la mayoría. También hace que los demás te crean. Y el modo más intenso de fe en ti es sentir que te impulsa el destino. Este destino puede provenir de fuentes ultraterrenas o de ti mismo. Concíbelo de esta manera: posees un conjunto de habilidades y experiencias que te hacen único. Apuntan a una tarea en la vida que fuiste enviado a realizar. Ves señales de esto en las predilecciones de tu juventud, ciertas actividades que te atrajeron de modo natural. Cuando te sumerges en esa labor, todo parece fluir con soltura. Creerte destinado a cumplir algo no te vuelve esclavo ni pasivo, sino al contrario: te libra de las dudas y confusiones normales que nos aquejan a todos. Tienes un propósito que te guía, pero que no te ata a una forma de hacer las cosas. Y cuando tu voluntad está hasta tal punto comprometida, puedes sobrepasar cualquier límite o peligro.

APUESTA POR TI

Siempre es fácil que racionalices tus dudas e instinto de preservación, en particular en momentos difíciles. Te convencerás de que es insensato correr riesgos, de que es mejor esperar circunstancias más propicias. Pero esta mentalidad es peligrosa. Significa una falta general de seguridad en ti que se transferirá a los buenos momentos. Te será difícil abandonar tu postura defensiva. La verdad es que los mayores inventos y adelantos tecnológicos y de negocios suelen ocurrir en periodos negativos, porque entonces hay más necesidad de pensamiento creativo y soluciones radicales que rompan con el pasado. Son etapas llenas de oportunidades. Mientras otros se atrincheran y repliegan, tú debes pensar en correr riesgos, intentar cosas nuevas y mirar al futuro que resultará de la crisis actual.

Debes estar preparado en todo momento para apostar por ti, por tu futuro, siguiendo una dirección que los demás temen en apariencia. Esto significa que crees que si fallas, tienes los recursos interiores indispensables para recuperarte. Esta fe actúa como una especie de red de protección mental. Al avanzar en un nuevo proyecto o dirección, tu mente se espabilará; tu energía se concentrará y agudizará. Cuando te propongas* sentir la necesidad de ser creativo, tu cabeza estará a la altura de las circunstancias.

Cambio de perspectiva

Para la mayoría de nosotros, las palabras "ego" y "egotismo" expresan algo negativo. Las personas egotistas tienen una opinión desmedida de sí mismas. En vez de considerar lo importante para la sociedad, un grupo o la familia, piensan en ellas, y actúan en consecuencia. Su visión se estrecha al grado de verlo todo en función de sus necesidades y deseos. Pero hay otra manera de ver esto: todos tenemos ego, un concepto de lo que somos. Y este ego, o relación con nosotros mismos, es fuerte o débil.

Las personas con un ego débil no tienen una firme noción de su valor o potencial. Prestan demasiada atención a las opiniones de los demás. Pueden percibir cualquier cosa como un ataque o afrenta personal. Necesitan constante atención y aprobación de los demás. Para compensar y disfrazar esta fragilidad, acostumbran asumir una fachada arrogante y agresiva. Esta variedad menesterosa, dependiente y autobsesiva del ego es lo que nos parece irritante y desagradable.

Un ego fuerte, en cambio, es muy distinto. Los individuos con una noción sólida de su valor y seguros de sí pueden ver al mundo con más objetividad. Pueden ser más atentos y considerados, porque son capaces de salir de ellos mismos. Las personas de ego fuerte ponen límites; su orgullo no les permitirá aceptar una conducta manipuladora u ofensiva. Generalmente nos agrada estar con estas personas. Su seguridad y fortaleza son contagiosas. Tener un ego fuerte debe ser un ideal para todos.

Muchos de los que en nuestro tiempo alcanzan las alturas del poder —las celebridades, por ejemplo— tienen que fingir humildad y modestia, como si hubieran llegado tan lejos por mero accidente y no por su ego o ambición. Deben actuar como si no fueran diferentes y casi les avergonzara su éxito y poder. Todas estas son señales de un ego débil. Como egotista de la variedad fuerte, proclama a los cuatro vientos tu individualidad y enorgullécete de tus logros. Si los demás no pueden aceptarlo, o te juzgan arrogante, es su problema, no el tuyo.

> Somos libres cuando nuestros actos emanan de nuestra personalidad entera, cuando la expresan, cuando exhiben la indefinible semejanza con ella que ocasionalmente hallamos entre el artista y su obra.
>
> —Henri Bergson

CAPÍTULO 10

Enfrenta tu mortalidad: Lo Sublime

Ante nuestra inevitable mortalidad podemos hacer una de dos cosas. Tratar de evitar la idea a toda costa, aferrándonos a la ilusión de que tenemos todo el tiempo del mundo. O enfrentar esa realidad, aceptarla e incluso abrazarla, convirtiendo nuestra conciencia de la muerte en algo positivo y activo. Al adoptar esta filosofía valiente, obtenemos un sentido de la proporción, podemos separar lo trivial de lo verdaderamente importante. Sabiendo que nuestros días están contados, tenemos una sensación de apremio y misión. Podemos apreciar más la vida a causa de su fugacidad. Si podemos vencer el miedo a la muerte, ya no hay nada que temer.

La metamorfosis del traficante

Había llegado al punto de no tener miedo a morir. Este espíritu me convirtió de hecho en un hombre libre, aunque siguiera siendo esclavo en la forma.

—Frederick Douglass

A mediados de los años noventa, Curtis Jackson se sentía sumamente insatisfecho con su vida como traficante. La única salida que veía era la música. Tenía algo de talento como rapero, pero eso no lo llevaría muy lejos en este mundo. Bien a bien no sabía cómo entrar a esa industria, y estaba impaciente por iniciar el proceso. Una noche de 1996 todo cambió: en un centro nocturno de Manhattan, Curtis (ya 50 Cent) conoció al famoso rapero y productor Jam Master Jay. Supo que ésa era su oportunidad, y que debía aprovecharla al máximo. Pidió a Jay que le permitiera visitarlo en su estudio al día siguiente, para que lo oyera rapear. Ahí Jay quedó tan impresionado que aceptó ser su mentor. Por fin parecía que las piezas embonaban.

Fifty había ahorrado para salir de apuros mientras iniciaba su nueva carrera, pero ese dinero no le duraría siempre. Jay le consiguió unas tocadas, pero no le rindieron gran cosa. En las calles cerca de su casa veía que a sus amigos traficantes les iba bien, mientras que sus propios fondos eran cada vez más limitados. ¿Qué iba a hacer cuando se le acabara el dinero? Ya había vendido su auto y sus alhajas. Acababa de tener un hijo con su novia, y necesitaba dinero para mantenerlo. Su impaciencia iba en aumento. Tras mucho insistir, logró que alguien en Columbia Records oyera su música, y la compañía se interesó en ofrecerle un contrato. Pero para cancelar el contrato que había firmado con Jay, Fifty tuvo que darle casi todo el adelanto que recibió de Columbia. Peor todavía, en Columbia se halló perdido entre todos los raperos contratados. Su futuro parecía más incierto que nunca.

Como sus ahorros estaban a punto de terminarse, tendría que volver a traficar, y esto lo hizo sentir mal. A sus antiguos colegas no les dio mucho gusto volver a verlo. Necesitado de dinero, se puso más agresivo que de costumbre, y se hizo de enemigos en las calles, quienes empezaron a amenazarlo. Dividía su tiempo entre el estudio de grabación y el conecte, y su primer álbum en Columbia estaba por salir, pero la compañía no hacía nada para promoverlo. Todo en su vida parecía deshilvanarse al mismo tiempo.

Una tarde de mayo de 2000, al subir al asiento trasero del auto de un amigo, un muchacho apareció de pronto en la ventanilla empuñando una pistola, y le disparó a quemarropa. Una vez agotadas las balas, nueve de ellas lo habían traspasado, y una le abrió un hoyo enorme en la mandíbula. El asesino salió corriendo hacia un auto que lo esperaba, seguro de haber consumado su trabajo con ese disparo en la cabeza. Los amigos de Fifty lo llevaron rápidamente al hospital más cercano. Entre tanto, a Fifty los hechos no le parecían reales. Eran como una película, algo que había visto que les pasaba a otros. Pero en cierto momento mientras lo operaban, sintió estar cerca de morir, y de repente todo pareció muy real. Una luz deslumbrante inundó sus ojos, y por unos segundos una sombra se posó sigilosamente sobre ella, mientras todo se detenía. Curiosamente, fue un momento tranquilo, que se desvaneció pronto.

Fifty pasó los meses siguientes en casa de sus abuelos, recuperándose de sus heridas casi mortales. Cuando recobró su fuerza, casi podía reírse de todo. Había burlado a la muerte. Claro que para los traficantes del barrio eso no era nada del otro mundo, y nadie se compadecería de él. Tenía que seguir adelante y no mirar atrás, aunque atento al mismo tiempo a los asesinos, quienes querrían terminar el trabajo. A raíz del ataque, Columbia canceló su álbum y lo echó a él; había demasiada violencia a su alrededor. Fifty se vengaría: se volvería famoso promoviendo sus grabaciones en las calles, y esos ejecutivos regresarían a rogarle que firmara un contrato.

Sin embargo, mientras se preparaba para actuar, notó que algo había cambiado en su interior. Se descubrió levantándose más temprano que de costumbre y componiendo canciones hasta muy tarde, completamente inmerso en su trabajo. Cuando se trató de distribuir sus grabaciones en las calles, no le preocupó ganar dinero de inmediato; ropa, joyas y vida nocturna no habrían podido interesarle menos. Reinvertía en su campaña cada centavo que ganaba. No prestaba atención a las insignificantes riñas a las que querían arrastrarlo. Su mirada estaba fija en una sola cosa, y nada más importaba. Había días en que trabajaba con una intensidad que le sorprendía. Lo ponía todo en esta tentativa de éxito; no había plan B.

En el fondo sabía que había sido la cercanía de la muerte lo que lo cambió, para bien. Aún experimentaba aquella sensación en su cuerpo, la luz y la sombra, y eso lo embargaba de una sensación de apremio que nunca había tenido, como si la muerte le pisara los talones. En los meses previos a la agresión, todo se caía a pedazos; ahora todo se acomodaba solo, como el destino.

Mientras, años después, Fifty formaba su emporio, cada vez topaba con más personas que elaboraban intrigas extrañas. De repente una compañía asociada quería renegociar su contrato, o se asustaba y pensaba retirarse, actuando como si acabara de descubrir su infame pasado. Tal vez era sólo un truco para arrancar mejores condiciones. Luego estaban los de la compañía disquera, que lo trataban con creciente falta de respeto y le ofrecían recursos mínimos de publicidad o mercadotecnia, en una maniobra de "lo tomas o lo dejas". Por último estaban quienes habían trabajado para él desde el principio, pero que ahora, oliendo dinero en su éxito, empezaban a hacer demandas irrazonables.

Ciertas cosas eran las que más le importaban: mantener su movilidad a largo plazo; trabajar con entusiastas, no con mercenarios; controlar su imagen, no enlodarla en aras del dinero fácil. Esto significaba algo muy sencillo: ejercería su poder para alejarse de toda situación o persona que comprometiera ésos valores. Diría a la compañía que quería renegociar las condiciones que ya no le interesaba trabajar con ella. En cuanto a la compañía disquera, ignoraría su maniobra y él mismo invertiría en la mercadotecnia de su álbum, con la idea de abandonarla pronto y trabajar por su cuenta. Rompería relaciones con viejos amigos, sin pensarlo dos veces.

Sabía por experiencia que cada vez que sentía que tenía mucho que perder y que se aferraba a otras personas o a contratos por miedo a la alternativa, terminaba perdiendo mucho más. Se dio cuenta de que la clave en la vida es estar *siempre* dispuesto a marcharse. Con frecuencia le sorprendía que, haciéndolo así, o sólo sintiéndolo, la gente regresara bajo las condiciones de él, temiendo lo que podía perder. Y si no regresaba, mejor.

Si lo hubiera pensado, se habría percatado de que dar así la espalda era una actitud y filosofía que había cristalizado en su mente la tarde del ataque, cuando vio la muerte de cerca. Apegarse por miedo a personas o situaciones es como aferrarse desesperadamente a la vida aun en las peores circunstancias, y él ya había rebasado ese punto. No le había tenido miedo a la muerte, así que ¿cómo podía temer ya a cualquier otra cosa?

La actitud valiente

La gente habla de los balazos que recibí como de algo especial. Actúa como si no encarara lo mismo. Pero algún día todos tenemos que vérnoslas con una bala que lleva escrito nuestro nombre.

—50 Cent

Con las habilidades lingüísticas desarrolladas por nuestros antepasados más primitivos, los seres humanos nos volvimos animales racionales, aptos para prever el futuro y dominar el entorno. Pero con este bien llegó un mal que nos ha causado incontables sufrimientos: a diferencia de los demás animales, estamos conscientes de nuestra mortalidad. Ésta es la fuente de todos nuestros temores. Esta conciencia de la muerte es sólo un pensamiento del futuro que nos espera, pero asociado con intenso dolor y separación. Llega acompañado de una idea que a veces nos atormenta: ¿de qué sirve trabajar tanto, posponer placeres inmediatos y acumular dinero y poder si un día, quizás mañana, moriremos? La muerte parece anular todos nuestros esfuerzos y quitarle sentido a las cosas.

Si nos abandonáramos a esas dos líneas de pensamiento –el dolor y el sinsentido–, casi nos paralizaríamos en la inactividad o nos sentiríamos empujados al suicidio. Pero consciente o inconscientemente inventamos dos soluciones a ese conocimiento. La más primitiva fue la creación del concepto del más allá, que aliviaría nuestros temores y daría significado a nuestros actos presentes. La segunda –que ha terminado por dominar nuestra manera de pensar hoy en día– es tratar de olvidar nuestra mortalidad y sumergirnos en el momento. Esto quiere decir reprimir activamente toda idea de la muerte. Para contribuir a esto, distraemos nuestra mente con rutinas y asuntos banales. Ocasionalmente recordamos nuestro temor cuando alguien cercano muere, pero por lo general hemos desarrollado el hábito de ahogarlo con nuestros asuntos cotidianos.

Sin embargo, el problema es que en realidad esa represión no es eficaz. Es común que tomemos conciencia de nuestra mortalidad a los cuatro o cinco años. En ese momento, tal idea tuvo un impacto profundo en nuestra psique. La asociamos con sensaciones de separación de nuestros seres queridos, con todo tipo de oscuridad, caos, o lo desconocido. Y esto nos perturbaba mucho. Este temor se ha asentado en nosotros desde entonces. Es imposible erradicarlo por completo, o eludir una idea de tales proporciones; entra a hurtadillas por otra puerta, se cuela en nuestra conducta en formas que no podemos siquiera imaginar.

La muerte representa la realidad última; un límite definitivo a nuestros días y esfuerzos. Tenemos que afrontarla solos y dejar atrás todo lo que conocemos y amamos; es una separación total. Se asocia con dolor físico y mental. Para reprimir esta idea, debemos esquivar todo lo que nos recuerde a la muerte. Así, nos permitimos toda clase de fantasías e ilusiones, empeñados en sacar de nuestra mente todas las realidades difíciles e inevitables. Nos asimos a empleos, relaciones y posiciones cómodas, todo para evitar la sensación de separación. Nos volvemos demasiado conservadores, porque cualquier riesgo podría acarrear adversidad, fracaso o dolor. Nos mantenemos rodeados de gente para sofocar la idea de nuestra soledad esencial. Quizá no estemos conscientes de esto, pero al final de cuentas gastamos mucha energía física en esa represión. El miedo a la muerte no desaparece; regresa en forma de ansiedades menores y hábitos que no nos dejan disfrutar de la vida.

No obstante, existe una tercera y valiente forma de enfrentar la mortalidad. Desde que nacemos, llevamos nuestra muerte dentro de nosotros. No es un suceso externo que ponga fin a nuestros días, sino algo en nuestro interior. Sólo tenemos cierta cantidad de días por vivir. Esa cantidad es exclusivamente nuestra, nada más nuestra, nuestra única posesión verdadera. Si huimos de esta realidad evitando la idea de la muerte, en verdad huimos de nosotros mismos. Negamos lo único que no se puede negar; vivimos una mentira. La actitud valiente requiere aceptar el hecho de que sólo tienes cierto tiempo por vivir, y de que la vida implica inevitablemente niveles de dolor y separación. Al abrazar esto, abrazas la vida misma y aceptas todo en ella. Depender de una creencia en el más allá o hundirte en el momento para eludir el dolor es despreciar la realidad, lo cual es despreciar la vida misma.

Cuando optas por afirmar la vida enfrentando tu mortalidad, todo cambia. Lo que te importa es vivir bien tus días, lo más plenamente posible. Podrías decidir hacerlo persiguiendo placeres innumerables, pero nada aburre más que tener que buscar siempre nuevas distracciones. Si cumplir ciertas metas se vuelve tu mayor fuente de placer, tus días se llenarán de propósito y dirección; y cuando llegue la muerte, no tendrás nada que lamentar. No caerás en ideas nihilistas sobre la inutilidad de todo, porque ésa es una pérdida suprema del poco tiempo que se te ha dado. Dispondrás de una manera de medir lo que importa en la vida; en comparación con la brevedad de tus días, las batallas y angustias triviales carecen de valor. Tendrás una sensación de apremio y compromiso; lo harás bien todo, con todas tus fuerzas, no con una mente lanzada en todas direcciones.

Lograr esto es muy simple. Es cuestión de entrar en ti y ver la muerte como algo que llevas en tu interior. Es una parte de ti que no puedes reprimir. Esto no quiere decir que debas meditar en ella, sino que posees una conciencia permanente de una realidad que has terminado por abrazar. Conviertes tu empavorecida relación con la muerte, tipo negación, en algo activo y positivo, libre al fin de nimiedades, ansiedades inútiles y reacciones tímidas y temerosas.

Esta tercera manera valiente de ver la muerte se originó en el mundo antiguo, en la filosofía conocida como estoicismo. La parte medular de esta filosofía consiste en aprender el arte de cómo morir, lo que paradójicamente te enseña a cómo vivir. Y quizá el mayor escritor estoico del mundo antiguo fue Séneca, nacido alrededor de 4 a.C. De joven, Séneca fue un orador muy talentoso, lo que lo llevó a una prometedora carrera política. Pero como parte de un patrón que continuaría durante toda su vida, este talento provocó la envidia y el encono de quienes se sentían inferiores.

En 41 d.C., con acusaciones falsas de un cortesano envidioso, el emperador Claudio desterró a Séneca a la isla de Córcega, donde languidecería esencialmente solo durante ocho largos años. Séneca conocía la filosofía estoica, pero en esa isla casi deshabitada tendría que practicarla en la vida real. No fue fácil. Se sorprendía permitiéndose todo tipo de fantasías y cayendo en la desesperación. Fue un lucha constante, reflejada en sus numerosas cartas a amigos en Roma. Pero poco a poco conquistó todos sus temores, venciendo primero su miedo a la muerte.

Practicaba toda clase de ejercicios mentales, imaginando dolorosas formas de morir y posibles finales trágicos. Los convertía así en algo conocido, no atemorizador. Se valía de la vergüenza: temer su mortalidad era aborrecer la naturaleza misma, lo cual decretaba la muerte de todos los seres vivos, y eso quería decir que era inferior al menor de los animales, que aceptaba su muerte sin quejarse. Gradualmente extirpó este temor, y experimentó una sensación de liberación. Creyendo que tenía la misión de comunicar al mundo este nuevo poder suyo, escribía a un ritmo frenético.

En 49 fue exonerado, llamado a Roma y honrado con el alto cargo de pretor y tutor privado de Lucio Domicio Ahenobarbo (después conocido como emperador Nerón), de entonces doce años de edad. Durante los cinco primeros años del reinado de Nerón, Séneca gobernó *de facto* el imperio romano, abandonado el joven emperador a los placeres que más tarde dominarían su vida. Séneca tenía que batallar constantemente para refrenar algunas de las tendencias violentas de Nerón, pero en general esos años fueron prósperos y el imperio estuvo bien gobernado. Sin embargo, luego reapareció la envidia, y los cortesanos de Nerón empezaron a esparcir rumores de que Séneca se enriquecía a expensas del Estado. Para 62, Séneca vio contados sus días, y se retiró de la vida pública a una casa en el campo, cediendo a Nerón casi toda su fortuna. En 65 se le implicó en una conspiración para asesinar al emperador, y un oficial fue enviado para, al estilo romano, ordenar a Séneca quitarse la vida.

Sereno, Séneca pidió permiso para revisar su testamento. Negado éste, se volvió hacia sus amigos presentes y dijo: "Ya que se me prohíbe mostrar gratitud por sus servicios, les dejo lo único y mejor que me queda: el modelo de mi vida". Ejecutó entonces el acto ensayado en su mente tanto años antes. Su suicidio fue horriblemente penoso: se cortó las venas de brazos y tobillos, se sumergió en una bañera caliente para que la sangre fluyera más rápido e incluso tomó veneno. Su muerte fue lenta e increíblemente dolorosa, pero él mantuvo la calma hasta el final, cerciorándose de que todos vieran que su fin concordaba con su vida y filosofía.

Como comprendió Séneca, para librarte del miedo debes operar hacia atrás. Comienza por la idea de tu mortalidad. Acepta y abraza esta realidad. Piensa en el momento inevitable de tu muerte y decide encararlo lo más valientemente posible. Entre más contemples tu mortalidad, menos le temerás; se volverá un hecho que ya no tendrás que reprimir. Siguiendo este camino, sabrás morir bien, y podrás empezar a enseñarte a vivir bien. No te aferrarás innecesariamente a las cosas. Serás fuerte e independiente, sin temor a estar solo. Poseerás cierta ligereza, derivada de saber qué importa; podrás reírte de lo que otros toman demasiado en serio. Los placeres del momento se acentuarán, porque los sabrás efímeros y los aprovecharás al máximo. Y cuando llegue la hora de tu muerte, que algún día arribará, no te amilanarás ni llorarás, porque habrás vivido bien y no tendrás nada que lamentar.

Claves para la valentía

En esa parte oscura de nuestra vida parece alentar [...] un elemento abstracto, eterno e ilimitado de miedo y pavor primordial, procedente quizá de nuestro nacimiento [...] un miedo y pavor que ejerce una influencia propulsora en nuestra vida [...] Y, acompañando a este primer temor, está, a falta de mejor nombre, un impulso reflejo hacia el éxtasis, la rendición absoluta y la confianza.

—Richard Wright

En el pasado, nuestra relación con la muerte era mucho más física y directa. Rutinariamente veíamos matar animales ante nuestros ojos, para servir de alimento o sacrificio. En periodos de peste o desastres naturales, presenciábamos incontables muertes. Los cementerios no estaban ocultos, sino que ocupaban el centro de las ciudades o colindaban con las iglesias. La gente moría en su casa, rodeada de amigos y familiares. Esta cercanía con la muerte acrecentaba el miedo que se le tenía, pero también la hacía parecer más natural, una parte de la vida. Para moderar este miedo, la religión desempeñaba un eficaz e importante papel.

Sin embargo, el pavor a la muerte siempre ha sido intenso, y con la disminución del poder de la religión para calmar nuestras ansiedades, nos pareció necesario crear una solución moderna al problema: hemos desterrado casi por completo la presencia física de la muerte. No vemos sacrificar a los animales que comemos. Los cementerios ocupan áreas remotas y no forman parte de nuestra conciencia. En los hospitales, los moribundos están fuera de la vista, y todo se vuelve lo más antiséptico posible. Que no seamos conscientes de este fenómeno es señal de que ha ocurrido una represión severa.

En las películas y los medios vemos innumerables imágenes de muerte, pero esto tiene un efecto paradójico. La muerte se hace parecer algo abstracto, apenas una imagen en la pantalla. Se vuelve algo visual y espectacular, no un suceso personal que nos aguarda. Podemos obsesionarnos con la muerte en las películas que vemos, pero eso sólo nos dificulta enfrentar nuestra mortalidad.

Expulsada de nuestra presencia consciente, la muerte ronda nuestro inconsciente en forma de temores, pero también toca nuestra mente bajo la forma de lo Sublime. La palabra "sublime" viene del latín, y significa "hasta el umbral o entrada". Es un pensamiento o experiencia que nos lleva al umbral de la muerte, dándonos un indicio físico de este misterio supremo, algo tan grande y vasto que elude nuestra capacidad descriptiva. Es un reflejo de la muerte en la vida, pero que se presenta en forma de algo que inspira temor reverente. Temer y evitar nuestra mortalidad es enfermizo; experimentarla en lo Sublime, terapéutico.

Los niños tienen este encuentro con lo Sublime muy seguido, en particular cuando enfrentan algo demasiado vasto e incomprensible para su entendimiento: la oscuridad, el cielo nocturno, la idea del infinito, la noción del tiempo en millones de años, una extraña sensación de afinidad con un animal, etcétera. También nosotros tenemos esos instantes, en forma de una experiencia intensa difícil de expresar en palabras. Puede ocurrirnos en momentos de extremo agotamiento o esfuerzo, cuando nuestro cuerpo se tensa al máximo; al viajar a un lugar inusual, o al asimilar una obra de arte con demasiadas ideas o imágenes para que las procesemos racionalmente. Los franceses llaman al orgasmo *le petit mort*, o "muerte pequeña", y lo Sublime es una especie de orgasmo mental, ya que la mente se inunda de algo en demasía, o demasiado diferente. Es la sombra de la muerte empalmándose con nuestra mente consciente, pero inspirando un sensación de algo vital, e incluso extático.

Comprende: para excluir a la muerte, sumergimos nuestra mente en la trivialidad y la rutina; creamos la ilusión de que no está a nuestro alrededor bajo ninguna forma. Esto nos da una paz momentánea, pero perdemos toda sensación de contacto con algo mayor, con la vida misma. No viviremos realmente hasta llegar a un entendimiento con nuestra mortalidad. Tomar conciencia de lo Sublime que nos rodea es una manera de convertir nuestros temores en algo significativo y activo, de contrarrestar las represiones de nuestra cultura. Lo Sublime es toda forma que tiende a provocar sensaciones de temor reverente y poder. Mediante la conciencia de lo que es, podemos abrir nuestra mente a esta experiencia y buscarla activamente. Las siguientes son las cuatro sensaciones de un momento sublime y cómo invocarlas.

SENSACIÓN DE VOLVER A NACER

De chico en los suburbios de Chicago, a principios del siglo XX, Ernest Hemingway se sentía completamente asfixiado por la conformidad y banalidad de la vida ahí. Lo hacía sentirse muerto por dentro. Ansiaba explorar el mundo y así, en 1917, a los dieciocho años, se ofreció como chofer de ambulancia en la Cruz Roja de Italia, en uno de los frentes de guerra. Ahí se sintió extrañamente impelido a la muerte y el peligro. En un incidente, estuvo cerca de morir al hacer explotar una granada, experiencia que alteró para siempre su manera de pensar. "Morí entonces [...] Sentí que mi alma o algo salía de mi cuerpo, como al sacar por un extremo un pañuelo de seda del bolsillo." Esta sensación permaneció en el fondo de su mente durante meses y años, y, por extraño que parezca, era estimulante. Sobrevivir así a la muerte hizo sentir a Hemingway que había vuelto a nacer por dentro. Podría escribir entonces sobre sus experiencias y hacer que su obra vibrara de emoción.

Sin embargo, esa sensación desapareció. Hemingway se vio obligado a asumir algún aburrido trabajo periodístico o las rutinas de la vida de casado. Aquella muerte interna regresó, y sus textos pagaron las consecuencias. Necesitaba sentir otra vez esa cercanía con la muerte en la vida. Para hacerlo, tenía que exponerse a nuevos peligros. Esto significó desempeñarse como reportero en el frente, en la guerra civil española, y cubrir después las más sangrientas batallas de la segunda guerra mundial en Francia, excediendo en ambos casos su labor periodística y participando en combate. Se aficionó a la tauromaquia, la pesca en aguas profundas y la caza mayor. Sufrió innumerables accidentes automovilísticos y aéreos, pero eso no hizo sino espolear su necesidad de más riesgo. En cada experiencia retornaba la sensación de volver chispeantemente a la vida, y él hallaba el camino para otra novela.

Sentir que el alma sale del cuerpo como un pañuelo es la esencia de una sensación sublime. En cuanto a Hemingway, sólo podía ser invocada por algo extremo, viendo a la muerte de cerca. Nosotros podríamos experimentar esa sensación y sus beneficios tonificantes en dosis menores. Siempre que la vida parezca particularmente sosa o restrictiva, podemos forzarnos a abandonar el terreno conocido. Esto podría significar viajar a un lugar especialmente exótico, intentar algo difícil físicamente (un viaje marítimo o el ascenso a una montaña) o sólo iniciar un nuevo proyecto sin estar seguros de triunfar. En cada caso experimentaremos un momento de impotencia frente a algo grandioso y abrumador. Esta sensación de que el control se nos va de las manos, por breve y ligera que sea, es ver a la muerte de cerca. Quizá no triunfemos; tendremos que hacer un mayor esfuerzo. Entre tanto, nuestra mente estará expuesta a nuevas sensaciones. Al terminar el viaje o la tarea y llegar a tierra firme, sentiremos que hemos vuelto a nacer. Experimentaremos ese ligero tirón del pañuelo; tendremos una apreciación más aguda de la vida, y el deseo de vivir más plenamente.

SENSACIÓN DE FUGACIDAD Y APREMIO

La primera mitad de siglo XIV en Japón fue una época de gran agitación; golpes palaciegos y guerras civiles ponían de cabeza al país. Los miembros de las clases instruidas se sentían particularmente perturbados por ese caos. En medio de esta revoltura, Kenko, poeta de bajo rango del palacio, decidió profesar como monje budista. Pero en vez de retirarse a un monasterio, permaneció en la capital,

Kyoto, y observó tranquilamente la vida a su alrededor mientras el país parecía caer en pedazos.

Escribió una serie de textos breves no publicados en vida, pero más tarde reunidos e impresos bajo el título de *Ensayos ociosos*, libro cuya fama ha aumentado con el tiempo. Muchas de sus observaciones se centraban en la muerte, demasiado presente en ese periodo. Pero sus pensamientos en torno a ella seguían la dirección opuesta a la meditación y la morbosidad. Hallaba en ellos algo placentero, e incluso extático. Por ejemplo, ponderó la fugacidad de cosas bellas como los cerezos en flor o la juventud. "Si el hombre no desapareciera nunca, como el rocío de Adashino; no se desvaneciera nunca, como el humo sobre el Toribeyama, sino que perdurara por siempre en el mundo, ¡cómo perderían las cosas su poder de emocionarnos! Lo más precioso de la vida es su incertidumbre." Esto lo hacía pensar en los insectos que vivían sólo un día o una semana, y cuyo tiempo podía estar muy apretado. La sombra de la muerte hace que todo sea conmovedor y significativo para nosotros.

Kenko encontraba continuamente nuevas maneras de medir la vastedad del tiempo, que tendía a la eternidad. Un día un hombre fue enterrado en un cementerio a la vista de la residencia de Kenko en Kyoto, rodeada la tumba por apesadumbrados miembros de la familia. Al correr de los años, escribió, ellos iban cada vez menos, y su dolor desaparecía lentamente. Pasado un tiempo, todos estarían muertos, y con ellos el recuerdo del hombre que habían enterrado. La tumba se cubriría de hierba. Quienes pasaran por ahí siglos después, la verían como una rara combinación de piedra y naturaleza. Finalmente desaparecería por completo, disolviéndose en la tierra. Frente a esta innegable realidad, esta eternidad, ¿cómo no sentir la preciosidad del presente? Es un milagro estar vivo, aun un día más.

Existen dos tipos de tiempo que podemos experimentar: el banal y la variedad sublime. El tiempo banal es de alcance extremadamente limitado. Consta del momento presente y se extiende adentro de unas pocas semanas, ocasionalmente más. Encerrados en el tiempo banal tendemos a distorsionar los hechos: vemos las cosas como si fueran mucho más importantes de lo que son, sin reparar en que en unas semanas o un año todo lo que nos agita no importará. La variedad sublime es una insinuación de la realidad de la extrema vastedad del tiempo y los constantes cambios que ocurren. Requiere sacar la cabeza del momento y practicar el tipo de meditaciones que obsesionó a Kenko. Imaginamos los siglos futuros o lo que pasó en este mismo lugar hacer millones de años. Tomamos conciencia de que todo se halla en un estado de cambio continuo; nada es permanente.

Contemplar el tiempo sublime tiene innumerables efectos positivos: nos hace experimentar una sensación de apremio para terminar todo lo que empezamos, nos permite entender mejor qué es lo que realmente importa y nos infunde una apreciación más resaltada del paso del tiempo, lo bello y conmovedor de todas las cosas que desaparecen.

SENSACIÓN DE TEMOR REVERENTE

Somos criaturas que vivimos en el lenguaje. Formulamos en palabras todo lo que pensamos y sentimos, pese a que, en estricto sentido, nunca expresen del todo la realidad. Son meros símbolos. A lo largo de la historia, la gente ha tenido toda suerte de experiencias singulares en las que atestigua algo que excede la posibilidad de expresarlo en palabras, y esto produce una sensación de temor reverente. En 1915, el gran explorador Ernest Shackleton se vio abandonado junto con su equipo en un témpano de hielo cerca de la Antártida. Durante meses flotaron en ese desolado paisaje, antes de salvarse al año siguiente. En el periodo en el témpano, Shackleton sintió como si visitara el planeta antes de que los seres humanos aparecieran en el escenario –viendo algo inalterado durante millones de años–; y pese a la amenaza de muerte que ese escenario representaba, se sintió singularmente animado.

En los años sesenta, el neurólogo Oliver Sacks trabajó con pacientes que habían estado en coma desde los veinte, víctimas de la epidemia de enfermedad del sueño de la época. Gracias a una nueva medicina, despertaron de ese coma, y él registró sus pensamientos. Sacks se dio cuenta de que veían la realidad de una manera muy diferente a los demás, lo que le hizo preguntarse por nuestra percepción del mundo; tal vez sólo vemos una parte de lo que pasa a nuestro alrededor, porque nuestras facultades mentales están determinadas por hábitos y convenciones. Podría haber una realidad que pasamos por alto. Durante esas meditaciones, se deslizaba a una sensación de lo Sublime.

En la década de 1570, el pastor hugonote Jean de Léry fue uno de los primeros occidentales en vivir entre las tribus brasileñas en la bahía de Río de Janeiro. Observó todo tipo de rituales que lo asustaron por su brutalidad, pero una noche oyó a miembros de la tribu cantar en una forma tan extraña y sobrenatural que lo sobrecogió una repentina sensación de temor reverente. "Me paralicé extasiado", escribió tiempo después. "Cada vez que lo recuerdo, mi corazón se estremece, y siento que esas voces aún están en mis oídos."

Esta sensación de temor reverente puede ser producida por algo vasto o extraño: paisajes sin fin (el mar o el desierto), momentos del pasado remoto (las pirámides de Egipto), costumbres desconocidas del pueblo de un país extranjero. También puede ser incitada por cosas de la vida cotidiana; por ejemplo, al fijarnos en la pasmosa variedad de la vida animal y vegetal en torno nuestro, que tardó millones de años en evolucionar hasta su forma actual. (El filósofo Immanuel Kant, quien escribió sobre lo Sublime, sintió eso al sostener una golondrina en sus manos y mirarla a los ojos, experimentando un extraño contacto con ella.) Puede ser creada por ejercicios mentales particulares. Por ejemplo, imagina que siempre hubieras sido ciego y de repente se te concediera la vista. Todo a tu alrededor parecería extraño y nuevo: la forma estrafalaria de los árboles, lo chillante del color verde. O trata de imaginar a la Tierra en su real pequeñez, una mota en el vasto espacio. Lo Sublime en este nivel es meramente una manera de ver las cosas en su rareza real. Esto te libera de la prisión del lenguaje y la rutina, del mundo artificial en que vivimos. Experimentar este temor reverente en cualquier escala es como una súbita ráfaga de realidad, terapéutica e inspiradora.

Al no enfrentar nuestra mortalidad, tendemos a abrigar ciertas ilusiones sobre la muerte. Creemos que algunas muertes son más importantes o signficativas que otras; la de una celebridad o político prominente, por ejemplo. Sentimos que algunas son más trágicas, por ocurrir en forma demasiado prematura o en un accidente. Pero lo cierto es que la muerte no hace esas discriminaciones. Es la mayor igualadora. Toca a ricos y pobres por igual. A todos parece llegar demasiado pronto, y puede experimentarse como trágica. Asimilar esta realidad debe tener un efecto positivo en todos nosotros. Compartimos el mismo destino con los demás; todos merecemos el mismo grado de compasión. Esto es lo que, en última instancia, nos une a todos; y cuando vemos a quienes nos rodean, también deberíamos ver su mortalidad.

Esto puede extenderse a lo Sublime: la muerte es también lo que nos une con todos los seres vivos. Un organismo debe morir para que otro pueda vivir. Éste es un proceso interminable del que formamos parte. Es lo que se conoce como sentimiento oceánico: la sensación de que no estamos separados del mundo exterior, sino que somos parte de la vida en todas sus formas. Sentir esto inspira a veces una reacción extática, justo lo contrario de una reflexión mórbida sobre la muerte.

Cambio de perspectiva

En nuestra perspectiva normal vemos la muerte como algo diametralmente opuesto a la vida, un suceso aparte que pone fin a nuestros días. Como tal, es un pensamiento que debemos temer, evitar y reprimir. Pero esto es falso, una idea en realidad nacida de nuestro miedo. La vida y la muerte están inextricablemente entrelazadas, no separadas; una no puede existir sin la otra. Desde que nacemos llevamos nuestra muerte en nosotros como una posibilidad constante. Si intentamos evitar o reprimir esta idea, mantener fuera a la muerte, también nos aislamos de la vida. Si tememos a la muerte, entonces tememos a la vida. Debemos cambiar esta perspectiva y enfrentar la realidad desde dentro, buscando la manera de aceptar y abrazar la muerte como parte de estar vivos. Sólo a partir de ahí podremos vencer el miedo a nuestra mortalidad, y luego todos los temores menores que nos agobian.

> **Estar cerca de morir me hizo pensar: "Esto puede volver a ocurrir en cualquier momento. Más vale que me apure a hacer lo que quiero". Comencé a vivir como nunca antes. Cuando el miedo a la muerte desaparece, nada puede preocuparte y nadie puede detenerte.**
>
> **—50 Cent**

Agradecimientos

Este libro está dedicado a mi ABUE, una mujer fuerte, poderosa y resuelta. Ella me infundió el conocimiento. No hay conocimiento que no sea Poder.

—50 Cent

Ante todo, gracias a Anna Biller por su afectuoso apoyo, su diestra edición de *La Ley 50* y sus innumerables contribuciones adicionales a este libro.

La Ley 50 debe su existencia a Marc Gerald, el agente literario de Fifty. Él nos reunió y guió hábilmente el proyecto de principio a fin. Gracias también a mi agente, Michael Carlisle, de InkWell Management, por sus contribuciones, igualmente invaluables; a su asistente en Inkwell, Ethan Bassoff y a Robert Miller, editor *extraordinaire* de HarperStudio, que desempeñó un importante papel en la conformación del concepto de este libro. También de HarperStudio, gracias a Debbie Stier, Sarah Burningham, Katie Salisbury, Kim Lewis y Nikki Cutler; y por su trabajo en el diseño del libro, a Leah Carslon-Stanisic y Mary Schuck.

Gracias a Ryan Holiday por su asistencia de investigación; a Dov Charney por su inspiración y apoyo; a mi buen amigo Lamont Jones por nuestras muchas conversaciones sobre el tema, y a Jeffrey Beneker, profesor asistente del incomparable departamento de estudios clásicos de la University of Wisconsin, Madison, por su docta asesoría.

Por el lado de Fifty, su grupo gestor, Violator, me apoyó enormemente en este proyecto. Gracias sobre todo a Chris Lighty, director general de Violator y el hombre detrás del trono. También fueron generosos con su tiempo Theo Sedlmayr, abogado y gerente comercial de Fifty; Laurie Dobbins, presidente de Violator; Barry Williams, gerente de marca; Anthony Butler (mejor conocido como AB); Bubba, y Hov. Mención especial merecen Joey P (cofundador de Brand Asset Digital) y Nikki Martin, presidenta de G-Unit Records, por sus invaluables ideas sobre Fifty desde los primeros días en la industria.

Gracias asimismo a Tony Yayo, Busta Rhymes, Paul Rosenberg (presidente de Shady Records y representante de Eminem), la novelista Nikki Turner, Quincy Jones III y Kevin y Tiffany Chiles de DonDiva.

Mención especial a George "June" Bishop por haberme dado un recorrido por Southside y ayudarme a comprender el rico mundo del conecte.

Finalmente, por su inmenso apoyo durante la redacción de este libro, gracias a mi madre, Laurette; a mi hermana, Leslie, y, como siempre, a mi gato, Brutus.

–Robert Greene

Esta obra se imprimió y encuadernó
en el mes de septiembre de 2023,
en los talleres de Impresora Tauro, S.A. de C.V.,
Av. Año de Juárez 343, Col. Granjas San Antonio,
C.P. 09070, Iztapalapa, Ciudad de México.